매우 작은 세계에서 발견한
뜻밖의 생물학

매우 작은 세계에서 발견한
뜻밖의 생물학

생명과학의 최전선에서
풀어가는 삶과 죽음의 비밀

서가명강 35

이준호 지음

서울대학교
생명과학부 교수

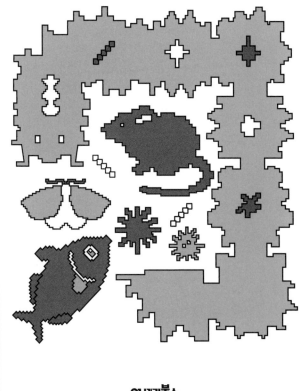

21세기북스

인문학

人文學, **Humanities**

철학, 역사학, 종교학, 문학,
고고학, 미학, 언어학

자연과학

自然科學, **Natural Science**

과학, 수학, 의학, 물리학,
지구과학, 화학, 생물학

사회과학

社會科學, **Social Science**

경영학, 법학, 사회학,
외교학, 경제학,
정치학, 심리학

생물학

生物學, **Biology**

공학

工學, **Engineering**

기계공학, 전기공학, 컴퓨터공학,
재료공학, 건축공학, 산업공학

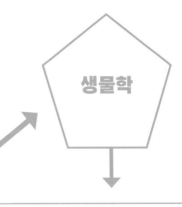

생물학이란?

生物學, Biology

생물학은 생명과 관련된 과학 분야로 생명체의 기능, 구조, 발생, 발전, 유전 등을 연구한다. 미생물부터 큰 동물까지 다채로운 생명체를 연구하며 생명체의 다양한 측면을 이해하고 설명하는 것을 목표로 한다. 생명체의 생존과 진화, 환경과의 상호작용, 유전적 다양성, 세포 구조와 기능 등을 연구함으로써 우리 주변의 수많은 생물체와 생명현상을 이해하는 데 중요한 역할을 하는 학문이다. 세포 생물학, 유전학, 생태학, 발생학, 분자생물학, 진화생물학 등이 여기에 포함된다.

이 책을 읽기 전에 주요 키워드

예쁜꼬마선충(Caenorhabditis elegans)

토양 혹은 썩은 과일에서 주로 발견되는 약 1밀리미터 길이의 투명한 선충이다. 1963년 시드니 브레너에 의해 현대 생물학 무대에 등장한 이후, 모델생물로서 발생, 세포사멸, 노화, 행동 유전학 등의 연구에 중요한 공헌을 했다.

다우어(dauer)

선충이 알에서 깨어난 후 살아갈 환경이 좋지 않음을 인지할 때 휴면이라는 대안적 발생단계로 들어가는데 이 단계의 유충을 다우어라고 부른다. 즉, 다우어는 예쁜꼬마선충의 휴면 유충이다. 그리고 오직 다우어만 닉테이션을 한다.

닉테이션(nictation)

예쁜꼬마선충의 휴면 유충인 다우어가 몸을 세워 흔드는 행동이다. 이를 통해 다우어는 다른 개체에 올라타 이동함으로써 생존 확률을 높일 수 있다.

모델생물(model organism)

특정한 생물학 현상을 이해하기 위해 연구에 사용하는 생물이다. 모델생물은 한 세대의 주기가 짧고 적은 비용으로 많은 수를 번식할 수 있어야 하며, 인간과의 유전정보 유사성이 높아야 한다. 초파리, 예쁜꼬마선충, 제브라피시, 생쥐 등이 대표적이다.

유전학(genetics)

생물의 유전자, 유전 그리고 변이를 연구하는 학문이다. 정통 유전학은 멘델에 의해 확립되었고 현대 유전학은 DNA의 이중나선 구조 발견, 인간 게놈 지도 완성, 유전자 가위의 발견 등으로 최근에 더욱 괄목할 만한 성장을 이루었다.

발생학(developmental biology)

생명의 발생과 분화의 과정을 연구하는 학문이다. 발생은 단세포인 수정란이 다세포인 개체가 되는 생명현상이고, 분화는 그 과정에서 다양한 특정 조직이나 기관으로 운명을 만들어가는 현상이다.

변이(variation)/돌연변이(mutation)

유전적으로 야생형(wild type)과는 다른 성질을 나타내는 것을 변이 또는 돌연변이라고 부른다. 변이는 다양성을 전제로 하는 중립적 용어라 할 수 있고, 돌연변이는 기능적으로 야생형과 다름을 전제로 하는 경우가 많다. 개체의 키, 몸무게는 물론 행동 등의 차이가 모두 변이에 속한다.

유전자 가위(CRISPR)

유전자 가위는 본래 세균이 특정 외래 DNA 염기서열을 잘라서 외부 침입을 방어하기 위한 기전으로 발견되었다. 현재는 유전체에서 원하는 부위의 DNA를 정교하게 잘라내는 유전공학 기술의 하나로 정착했다. 이로써 비모델생물의 돌연변이를 만들 수 있는 길이 열려 보다 새롭고 다양한 동물을 활용한 연구가 가능해졌다.

휴먼 게놈 프로젝트(human genome project)

인간의 유전체를 구성하는 DNA 속 30억 개 이상의 염기쌍을 모두 읽어 유전자 지도를 그리는 국제 프로젝트다. 인간 게놈 지도의 완성은 인간 복제, 맞춤형 인간 등 논란을 불러일으켰다.

야마나카 팩터(Yamanaka factors)

체세포를 유도만능줄기세포로 역분화시키는 데 핵심적인 역할을 하는 네 개의 유전자를 말한다. 이것은 세포치료와 노화를 극복하기 위한 연구에서 많이 사용되고 있다.

차례

"생물학은 호기심에서 출발하고 끈기로 완성하는 학문이다. 호기심을 갖지 않으면 어려운 실험을 반복하고 실패를 거듭 겪으면서 끈기를 발휘할 동인을 찾기 힘들다. 호기심이 있어야 새로운 궁금증이 과학적 질문으로 발전할 수 있다."

세상의 해상도를 높이는 생물학의 발견들

지구 하늘 아래 모든 생명체는 가장 중요한 기본을 공유하고 있다. 그 기본은 무엇일까? 모든 생명체의 유전정보는 네 가지 염기서열로 이루어진 핵산의 무한 순열 속에 들어 있다. 바이러스에서부터 인간에 이르기까지 그 어떤 예외도 없이. 그리고 수많은 대사 작용과 신경 작용 등 거의 모든 생명현상의 기본은 모두에 또는 일부에 잘 보존되어 있다.

그래서 나는 이 책에서 진화적으로 잘 보존된 생명현상에 대한 이야기를 하고 싶었다. 그런데 지구 밖 어딘가 생명체가 있다면 전혀 다른 기본을 가졌을 가능성을 배제할 수 없으므로 여기서는 '지구의 생명현상에 한정해서 보존된' 생명현상을 이야기하고자 했음을 밝혀둔다.

나는 30년 이상의 내 연구 이력 중 대부분의 시간을 예쁜꼬마선충 연구에 썼다. 예쁜꼬마선충은 그 이름이 예쁘기는 하지만 겉모습은 사람과 전혀 비슷해 보이지 않는다. 그런데 왜 하필 이렇게 매우 작은 동물을 연구하는 데 천착하게 되었을까? 그 이유는 의외로 단순하다. 이렇게 작은 동물이더라도 생명의 신비를 이해하기 위한 좋은 모델이 될 수 있기 때문이다. 즉 우리와 외형이 달라 보이는 작은 생명체라고 해도 지구의 모든 생명체가 가지는 공통된 생명현상을 공유한다는 뜻이다. 박사 과정을 밟으며 연구해 찾아낸 예쁜꼬마선충 유전자는 생쥐나 인간 유전자와 비슷한 면을 가지고 있었다. 가령 예쁜꼬마선충의 돌연변이 개체에 생쥐 유전자를 도입하면 형질이 회복되는 것을 관찰할 수 있다. 이 연구로 생쥐 유전자가 선충 유전자를 대신해 기능할 수 있음을 증명했다. 바로 이것이 이 책의 출발점이 되었다.

지구는 참 아름다운 행성이며, 그 아름다움은 생명의 존재로부터 나온다. 특히 지구별의 건강한 생태계를 유지할 수 있도록 해주는 것이 생명 다양성이다. 이런 이유로 21세기에 들어와 생명 다양성에 대한 연구가 더욱 활발해

졌고 주목받게 되었다. 생명 다양성을 깊이 있게 연구할 수 있도록 해주는 기술들 역시 최근 들어와 더 많이 개발되는 추세다.

덕분에 지금은 유전체 지도를 어렵지 않게 작성할 수 있게 되었다. 또한 유전자를 변형시킬 수 있는 유전자 가위 기술이 다양한 생물에 도입되었다. 그 결과 이제 훨씬 다양한 생물에서 유전자의 기능을 연구할 수 있게 되었다. 기후 변화 등 지구 생태계 변화가 21세기에 더욱 심각해지고 있다. 이런 변화가 전적으로 인간의 탓이라고 할 수는 없지만, 책임이 전혀 없다고도 할 수 없다. 그만큼 생명 다양성에 대한 연구와 지식이 앞으로 지구를 구해줄 신의 한 수가 되지 말라는 법도 없을 것이다.

다시 본론으로 돌아가자. 나는 유전학자, 즉 돌연변이를 연구해 유전자의 기능을 밝히는 것이 주업인 생물학자다. 이런 내가 진화에 관심을 가질 수밖에 없는 이유는 무엇일까?

유전자의 기능을 깊이 살펴보다 보면 유전자의 진화적 보존과 변화를 살필 수 있게 되고, 유전자 기능을 더 잘 이해할 수 있게 되기 때문이다. 그래서 거의 모든 경우 유전자에 대한 연구는 진화적 함의를 생각해야 정확한 의미를 찾을 수 있다는 생각에 이르렀다. 유전학자가 진화에 항복했다고나 할까. 결국 생물학의 끝에는 '진화생물학'이 있다.

그러면 과연 생명과학은 우리 삶에 어떤 영향을 줄 수 있을까? 영향을 줄 수 있기는 할까? 최근 사례로 코로나 19COVID-19 백신을 들 수 있다. 팬데믹이 시작된 지 불과 1년 만에 백신이 만들어져 전 세계 인구가 보호받을 수 있게 된 것은 기적 같은 일이다. 왜냐하면 과거에는 백신을 개발해 상용화하기까지 대략 10년 정도의 시간이 걸렸기 때문이다. 그 기적을 이룬 백신이 mRNA 백신이었고, 그 기반에는 실은 수십 년간 진행되어 축적된 mRNA 연구 결과가 자리하고 있다. 긴 호흡의 생명과학 연구가 있었기에 가능한 일이다. 그러므로 mRNA 백신의 탄생은 기적이 아니라 철저히 준비된 결과였다고 할 수 있다. 그 준비된 연구를 수행했던 과학자 두 사람이 2023년 노벨 생리의학상을 수상했다. 그중 한 명인 커털린 커리코 박사는 아무런 효용 가치가 없어 보이던 mRNA 기초 연구를 오랜 시간 동안 수행하느라 교수로 승진하지도 못하고 오히려 비정규직 연구원으로 강등되는 등 수모를 겪기도 했다. 그렇지만 마침내 코로나-19 팬데믹에서 인류를 구원하면서 과학자의 성공 모델로 떠올랐다. 이렇듯 생물학은 언제 어디서 인류를 구원하게 될지 쉬이 짐작하기가 어렵다. 그런 불확실성이 생물학의 또 다른 매력이기도 하다. 비록 불확실성이 가로막는다 해도 언젠가는 생물학이 지구를 구하고야 말 것이라는 희망을 도저히 버릴 수가 없다.

2023년의 노벨상을 계기로 앞으로 다른 종류의 팬데믹이 온다 하더라도 생명과학 연구를 기반으로 보다 나은 백신과 치료제 개발이 준비될 수 있을 것이라 믿는다. 그렇게 될 수 있도록 생명과학에 관심을 갖고 더욱 격려할 필요가 있다. 특히 가장 근본적인 질문을 하는 생물학이 가장 멀리 미래를 내다볼 수 있음을 믿고 지지해 주시길 기대한다.

'mRNA 백신을 전문가들이 독점적으로 개발한 것처럼 생명과학은 역시 전문가의 영역인 것 같은데 보통 사람이 관심을 가질 필요가 있을까?'라며 반문할지도 모른다. 하지만 우리는 호기심의 동물 아닌가. 반드시 유용하거나 내가 관여할 수 있어야만 호기심이 생기는 것은 아니다. 하늘의 별이 우리에게 무언가를 내주기 때문에 천문학에 관심을 가졌던 것은 아닌 것처럼 말이다.

우주만큼이나 신비하고도 우리가 잘 알지 못하는 것이

바로 '생명'이다. 태초부터 알지 못하는 것에 대한 호기심이 인간으로 하여금 지구를 정복하게 한 것은 아닐까? 어쩌면 생명에 대한 신비감이 이미 인간 유전자 속에 각인되어 있는 것은 아닐까? 그런 이유로 생명현상에 대한 호기심 역시 타고나는 것일지도 모른다. 그러니 굳이 저항하지말고 이해하면서 즐기기를 권한다.

혹자는 생물학은 암기할 것이 많아서 지겹고 힘들다고 한다. 사실 생물학은 논리적인 학문임에도 외워야 하는 과목으로 잘못 인식되어 있는 점이 참으로 안타깝다. 이 책을 쓰고 싶었던 가장 근본적인 이유가 바로 여기에 있다. 생물학은 외우지 않아도 되는 참으로 흥미롭고 유용한 학문이라는 것을 보여주고 싶다. 더 많은 이들이 진정으로 생물학에 재미를 느끼기를 바란다. 하나를 알면 새로운 궁금함이 샘솟는 경험, 즉 새로운 질문이 꼬리에 꼬리를 물고 끝없이 이어지는 생물학의 묘미를 느껴 보시길 바란다.

『매우 작은 세계에서 발견한 뜻밖의 생물학』을 접하는 독자들께 고백하건대, 이 책은 생물학 전반을 설명하고자 하는 책이 아니다. 내가 잘 알고 있고 잘 설명할 수 있는 주제 그리고 중요하다고 생각하는(연구자들은 자신이 연구하는 주제가 가장 중요하다고 착각한다는 점을 고려하시길!) 내용만을 간추린 것이다. 그래서 독자 여러분이 '생물학이 꽤 흥미로울 수도 있구나'라는 생각을 할 수 있도록 돕는 것이 이 책의 목표다. 우리와는 외견이 완전히 다르게 보이는 예쁜꼬마선충 같은 작은 생물에서도 경이로운 생명현상의 진리를 찾을 수 있으니, 뜻밖의 보람을 느끼게 되리라 확신한다. 이 책을 읽은 후에는 더 좋은, 다른 생물학 관련 책들을 찾아봐도 좋다.

흥미롭고 재미있는 생물학 문제가 떠오르면 언제든지 나에게 연락을 주시기 바란다. 함께 논의하는 과정에서 아주 멋지고 새로운 생물학 주제가 떠오를지도 모르니까!

2023년 12월

이준호

1부_____

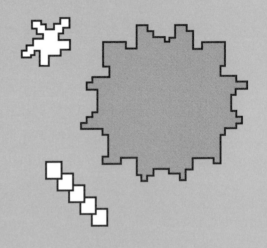

생물학 세계로의

초
대

생명의 비밀과 신비를 풀기 위해 생명과학은 어떤 질문을 던질 수 있을까? 지구의 모든 생명이 갖는 보편적 진실을 찾기 위해 우리는 무엇을 물어야 할까? 태어나고 성장하고 늙고 죽는 삶의 과정에서 벌어지는 모든 생명현상은 결코 우연히 일어나지 않는다. 그리고 생명현상의 비밀을 풀기 위한 연구는 두 가지 질문으로 귀결된다. 그것은 '생명현상은 어떻게 일어나는가' 그리고 '생명현상은 왜 일어나는가'다.

호기심과 상상력을
자극하는 생명현상

호기심이 질문으로, 질문이 생명과학으로

'생명과학을 연구한다'는 것은 무엇일까? 그것은 생명현상과 관련해 아무도 물어보지 않은 질문 혹은 지금까지도 전혀 답을 알 수 없는 질문에 도전하는 것이다. 그 누구도 물은 적 없는 새로운 질문을 찾는 것은 결코 쉬운 일이 아니다. 그럼에도 작은 호기심, 작은 질문을 무심코 넘기지 않는다면 새로운 질문을 찾아낼 수 있다. 호기심을 자극할 수 있는 생명현상이 있다면, 거기서 작은 질문을 찾아낼 수 있다면 그것 모두가 생명과학의 대상이다. 그러면 호기심을 자극할 수 있는 생명현상에는 어떤 것들이 있을까?

생명현상 중 가장 멋지고 또 가장 말이 안 되는 것처럼 보이는 일을 딱 하나만 꼽으라면 나는 망설임 없이 '곤충의 변태'를 이야기할 것이다. 애벌레일 때 모습과 허물을 벗고 나온 성충의 모습은 완전히 다르다. 그런데 실제로는 한 생명체라니, 실로 놀라운 일이다.

사실 곤충은 변태하는 동안 거의 모든 세포가 녹아 없어지고 완전히 새로운 기관들을 형성한다. 심지어 호흡기관도 달라진다. 물속에 살던 유충이 하늘을 날기도 하니 말이다. 변태는 '생명이 끊어지지 않은 상태에서 그토록 절묘하게 변화하는 연속성이 어떻게 가능한가? 너무나 경이롭지 않은가?' 하는 생각이 절로 드는 신비한 생명현상이다. 변태라는 생명현상에 대해서는 아직도 알려지지 않은 부분들이 많아 여전히 많은 과학자의 호기심을 불러일으킨다.

추운 나라의 나무들은 어떻게 잎을 틔울까

나는 10년 전쯤 스웨덴에서 1년 동안 안식년을 보낸 적이 있다. 그곳에는 각종 식물과 나무들이 굉장히 많았다. 스웨덴은 겨울이 무척 길고 반면에 여름은 짧은데, 여름에는 백야 때문에 거의 해가 지지 않는다. 그래서인지 스웨덴에서 자라는 식물은(정확히 어떤 종인지는 알지 못하지만) 우리나라에서 자라는 식물과는 전혀 다른 방식으로 잎을 틔우는 것을 볼 수 있었다.

겨울이 지나고 봄이 왔을 때 차근차근 시간을 두고 잎을 틔울 여유가 없는 북구의 나무들은 잎을 틔우기 위해 미리 준비만 해두고 기다린다. 그러다가 마침내 해의 길이와 온도가 맞아떨어지는 날이 되면, 마치 100미터를 전속력으로 내달리듯이 다양한 나무의 잎이 순식간에 피어난다. 이 모습이 낯설면서도 진기했다.

이런 모습을 보며 나는 농담 반 진담 반으로 이런 말을 했다. "북극 근처의 나무들은 봄이 됐을 때, 마치 꽃피듯이 두둑두둑 소리를 내면서 잎이 열린다." 바로 이런 현상이 위도에 따라서 식물들이 계절 변화에 얼마나 절묘하게 대응하는지를 보여주는 증표라고 생각한다. 질문은 있으나 아직 답은 없으니 충분히 연구할 만한 생명현상이다.

믿음이 질병을 낫게 하리니

내가 오래전부터 지금까지 연구실에 계속 제안하는 것이 하나 있다. 흔히 위약 효과로 알려져 있는 '플라시보 효과 placebo effect'와 관련한 것이다. 플라시보 효과란 무엇일까?

의사가 환자에게 진짜 약이라고 속이고 가짜 약을 투여해도 치료될 것이라는 환자의 믿음 때문에 실제로 치료 효과가 나타나는 현상이다. 실제로 이러한 현상이 상당히 많이 일어나고 있기 때문에 나는 이 효과가 예외적인 현상이 아니라 진짜 생물학적으로 일어나는 현상이라고 생각한다.

플라시보 효과 자체가 생명이 환경에 대해 반응하는 것은 아닐까? 그리고 반응을 일으키는 어떤 기전이 있지 않을까? 그 기전을 밝힐 수만 있다면 더 이상 약이 필요 없을지도 모를 일이다. 플라시보 효과로 수많은 약을 대신할 수도 있을 테니 말이다. 한편으로는 예쁜꼬마선충을 이용해 플라시보 효과를 한번 풀어보자는 엉뚱한 생각도 하고 있다. 아직은 어떻게 하면 좋을지 방법을 잘 모르지만, 이것 역시 호기심을 자극하는 생명현상이라고 생각한다.

꽃이 피는 연구실을 꿈꾸다

아직 답을 찾지 못한 질문이 하나 더 있다. 예쁜꼬마선충은 약간 투명해서 육안으로는 잘 보이지도 않고 현미경으로 관찰해야 보인다. 이 예쁜꼬마선충을 연구할 때 새로운 유전자를 도입하는 일을 종종 한다. 유전자 도입에 성공한 예쁜꼬마선충은 형질전환동물이 된다. 이때 새로운 유전자가 예쁜꼬마선충에게 들어갔는지 안 들어갔는지를 확인하는 일은 매우 중요하다. 이것을 확인하기 위해 보통은 지표가 되는 유전자를 같이 넣어준다.

이 지표 유전자는 빛을 쪼이면 형광을 낸다. 따라서 예쁜꼬마선충에 빛을 쪼이면 새로운 유전자가 잘 들어갔는지 여부를 확인할 수 있다. 유전자가 예쁜꼬마선충에 잘 들어간 경우 형광이 나고, 안 들어간 경우에는 형광이 나지 않는다. 지표 유전자의 형광 여부는 형광현미경이 있어야만 확인이 가능하다. 문제는 형광현미경이 굉장히 비싸다는 점이다. 그래서 떠오른 질문이 하나 있다. 유전자 도입을 확인할 수 있는 다른 방법, 다시 말해 비용 부담을 덜고 손쉽게 확인 가능한 방법은 없을까?

만약 새로운 유전자를 하나 넣으면 꽃이 피듯이 예쁜꼬마선충이 보라색, 분홍색, 노란색으로 바뀐다면 어떨까? 가시광선을 받았을 때 색이 바뀔 수만 있다면 훨씬 더 편하게 새로운 형질전환동물을 만들고 이용할 수 있지 않을까? 이렇게 비용이 덜 들면서 상용화하기 좋은 방법을 고민해보곤 한다. 꽃처럼 다양한 색을 가진 예쁜꼬마선충을 만들어낼 방법을 아쉽게도 아직은 찾지 못했다. 언젠가는 이 질문의 답을 찾아내 실험실에 다채로운 색으로 물든 예쁜꼬마선충이 가득할 날을 기대해본다.

이런 생명현상은 생명과학을 연구할 때 굉장히 흥미로운 소재가 될 수 있다. 아마 지금도 주변을 관찰하면 신기한 생명현상을 발견할 수 있을 것이다. 지구상에 있는 다양한 생명체들 그리고 그 생명체들이 보여주는 다양한 행태가 모두 다 생명과학의 대상이다. 어쩌면 머지않은 미래에는 외계 생명체가 우리의 연구 대상이 될 수 있을지도 모를 일이다.

생명의 비밀을 풀어줄
두 가지 질문

생명과학을 연구할 때 탐구해야 할 흥미로운 대상을 발견하는 것 못지않게 중요한 것이 있다. 바로 '생명과학, 어떻게 물을 것인가?'라는 질문을 하는 것이다. 이것은 생명과학의 시작이자 방법론이다.

생물학 교과서에는 '후추나방' 사례가 자주 등장한다. 후추나방은 원래 몸과 날개가 하얀색이었는데, 어느 날 영국에 검은색 후추나방들이 태어나기 시작했다. 검은색 변종 후추나방이 처음으로 보고된 것은 1849년이다. 이 무렵은 산업혁명이 한참 진행되면서 런던 시내가 매연으로 뒤덮였던 때다. 이후로 점차 하얀색 후추나방은 없어지고 검은색 후추나방들만 살아남았다. 완전히 새로운 생명현상이 나타난 것이다.

이런 새로운 생명현상을 만났을 때 생명과학을 연구하는 사람이라면 두 가지 질문을 던져야 한다. 하나는 이런 현상이 '어떻게 일어났는가'이고, 나머지 하나는 '왜 일어났는가'다. 이것이 바로 생명의 비밀을 풀어줄 두 가지 질문이다.

먼저 두 번째 질문 '왜 검은색 후추나방이라는 새로운 형질이 나타났을까?'부터 살펴보자. 사실 이 질문의 답은 직관적으로 알 수 있다. 왜냐하면 당시에는 런던 전체가 매연으로 시커멓게 뒤덮여 있었고, 그런 환경이라면 하얀색 후추나방이 천적에게 쉽게 노출될 것이 분명했을 테니 말이다. 그래서 살아남는 데 유리한 형질인 검은색이 새롭게 나타난 것이다. 이러한 변이는 살아남기 위한 자연선택, 즉 생존의 문제였다.

1849년 이후 150년도 더 지난 2016년은 검은색 후추나방의 등장과 관련된 중요한 해다. 바로 후추나방이 하얀색에서 검은색으로 바뀌게 된 그 유전적인 기전을 밝힌 해이기 때문이다. 바로 첫 번째 질문 '검은색 후추나방이라는 새로운 형질은 어떻게 나타났는가?'의 답을 밝힌 것이다.

유전학으로 기전을 밝히는 원리

'어떻게 일어났는가'라는 질문의 답은 어떤 방법으로 찾아가야 할까? 답을 찾아가다 보면 그 과정에서 자연스레 '기전', '메커니즘'이라는 표현과 만나게 된다. 그리고 자주 사용하는 분자생물학 기법이나 유전학 기법 등의 실험 방법도 경험하게 된다. 요즘에는 생화학 기법, 세포학 기법 등 전보다 다양한 방법을 사용한다. 이런 방법들을 사용해 궁극적으로 알아내려는 것은 무엇일까? 바로 생명현상이 누구에 의해서 어떤 순서로 일어나느냐 하는 것이다. 이것이 바로 첫 번째 질문의 답을 찾아가는 '기전 연구'다.

기전을 밝히는 데 가장 많이 사용되는 유전학은 돌연변이를 빼고는 발전할 수 없는 학문이다. 유전자 기능을 연구하는 유전학은 돌연변이가 있어야만 특정한 유전자와 생명현상을 연결해 연구할 수 있기 때문이다.

유전학 기법은 어떤 과정으로 진행될까? 우선 돌연변이를 찾는다. 그리고 그 돌연변이의 원인 유전자를 찾아낸다. 그다음 'A라는 유전자가 없어졌을 때 B라는 생명현상에 문제가 생겼다'는 가설을 세운다. 이때 문제는 보통 때와 달라졌다는 것이다. 달리 말해 돌연변이 형질이라는 문제는 어떤 원인 유전자가 없어지면서 나타난다는 것이다. 이는 결국 'A라는 유전자가 B라는 생명현상에 필요하다'는 해석으로 이어진다. 이것이 유전학에서 사용하는 가장 단순하면서도 가장 중요한 논리적 흐름이다.

'주당'이라 이름 붙여진 유전자

내가 운영하는 '유전과 발생' 연구실에서 예쁜꼬마선충을 대상으로 알코올에 내성을 갖는 돌연변이를 찾아낸 적이 있다. 그 돌연변이를 만든 유전자의 이름은 바로 '주당 judang'이다. 국제학술지에도 발표한 '주당'에 관한 논문이 「예쁜꼬마선충의 유전학으로 분석한 에탄올의 마취제로서의 역할The anesthetic action of ethanol analyzed by genetics in Caenorhabditis elegans」이다. 그래서 제목만 보아도 '돌연변이를 찾았구나'하고 금방 알 수 있다. 왜냐하면 에탄올의 마취제로서 역할을 유전학으로 풀었다는데, 유전학은 돌연변이를 가지고 연구하는 학문이기 때문이다.

논문에는 이렇게 쓰여 있다. "알코올에 내성을 갖는 돌연변이를 찾고 돌연변이를 일으키는 유전자 이름을 'Jud'라고 칭했는데, Jud는 judang의 줄임말이다." 주당의 의미를 한국 사람은 다 알고 있다. 하지만 그 뜻을 잘 모르는 외국 사람을 위해 괄호에 "알코올에 강하다는 뜻을 가진 한국말이다."라는 설명을 달았다.

대개 새로운 유전자를 발견하면 학술지에 발표하기 전 거쳐야 하는 과정이 있다. "유전자 이름으로 '주당'을 쓰겠습니다." 하고 허락을 받는 것이다. 예쁜꼬마선충의 경우도 그렇지만 유전자 이름을 지을 때는 이름을 지정해주는 유전학 전문가의 동의를 받아야 한다. 대개 그 전문가 역할은 해당 연구자 사회에서 추대한 인물이 맡는다. 예쁜꼬마선충의 주당 유전자를 인정하신 분은 조너선 호지킨Jonathan Hodgkin 교수님이었고, 그분이 은퇴한 지금은 팀 셰들 교수Tim Schedl가 그 역할을 맡고 있다. 예쁜꼬마선충이 가진 유전자 중 첫 번째이자 유일한 한글 이름인 '주당'도 이러한 과정을 거쳐 탄생했다.

유전자 이름을 짓는 일은 굉장히 흥미롭고 재미있는 과정이다. 연구실에서는 주당 유전자를 찾아낸 후 주당 유전자 돌연변이가 가진 알코올의 내성을 다시 낮추는 돌연변이, 즉 제2차 돌연변이를 찾기 위해서 많은 노력을 기울였다. 그리고 그 돌연변이를 발견하면 영어로 'suppressor of jud'라고 부르기로 했다. 이것은 주당의 억제 유전자다. 연구실에서는 영어 발음 '서프레서 오브 주당'을 줄여 '소주 soj'라고 부르곤 했다.

초파리나 애기장대의 유전자 중에도 한글 이름을 가진 것이 있다. 초파리는 눈이 육각형인데 카이스트 생명과학과 최광욱 박사가 1994년인 눈이 사각형인 돌연변이를 찾았고, 그 돌연변이 유전자에게 '네모 nemo'라는 이름을 지어주었다. 우리는 이름만 들어도 '눈이 네모인가 보다' 하고 금방 짐작하지만 외국 사람들은 애니메이션에 나오는 물고기 니모 혹은 네모 선장을 떠올린다고 한다.

애기장대의 경우 남홍길 교수 연구실에서 찾아낸 유전자로 '오래살아 oresara'라는 유전자가 있다. 이 유전자에 문제가 생기면 어떤 형질이 나타날까? 이름만으로도 금방 알 수 있듯이 오래 사는 돌연변이 형질을 나타낸다. 외국인은 잘 모를 것이니 논문에는 한국말로 '오래 산다'는 뜻의 주석을 달아두었다.

두 번째 질문 '왜 일어났는가'는 당연히 진화와 연결된다. 왜 당연할까? 현재 생존하고 있는 모든 생명체는 나름 이유가 있는 존재들이다. 즉 환경에 적응해 살아남은 존재들인 것이다. 살아남기 위해 채택한 또는 버리지 않은 수많은 생명현상의 조각들은 다 이유가 있고, 그 이유는 진화의 과정에서 적응하며 자연선택된 것이다. 그러하기에 우리가 새로운 생명현상을 탐구할 때는 이 생명현상이 어떤 이유로 선택되었을까를 생각하게 되는 것이 자연스러운 논리적 귀결이다.

2009년은 찰스 다윈 탄생 200주년이자 『종의 기원On the Origin of Species』 출간 150년이 되는 해였다. 그때 이를 기념해 열린 한 토크쇼에서 사회생물학의 창시자 에드워드 윌슨Edward Wilson과 DNA 이중나선을 발견한 제임스 왓슨James Watson이 마주 앉았다. 이 토크쇼에서 현대 생물학을 대변하는 에드워드 윌슨은 이렇게 말했다. "500년이나 1000년 후에 현대 생물학의 랜드마크 두 가지를 이야기하라고 하면, 첫 번째는 1859년 출간된 찰스 다윈의 『종의 기원』이고 두 번째는 1953년 제임스 왓슨과 프랜시스 크릭Francis

Crick이 발표한 DNA 이중나선 구조 발견 논문이라고 대답할 겁니다." 왓슨이 바로 앞에 앉아 있어서 조금 쑥스럽긴 하지만 부정할 수 없는 사실이기 때문에 이야기한다고 덧붙였다.

이 두 가지 랜드마크는 앞서 이야기한 생명과학의 두 가지 질문에 대한 훌륭한 답변이다. 찰스 다윈의『종의 기원』은 '왜 일어났는가'라는 질문에 대한 답을 찾아가는 과정이다. 그리고 왓슨과 크릭의 'DNA 이중나선 구조 발견'과 그로 인해 시작된 분자생물학의 발전은 '어떻게 일어났는가'라는 질문에 대한 답을 찾아가는 과정이다. 이처럼 생명의 비밀을 밝히는 두 가지 질문은 생물학에서 매우 중요한 의미를 갖는다.

예쁜꼬마선충의 춤에서
발견한 경이로운 세계

생명과학에서 중요한 두 가지 질문은 '어떻게 일어났는가?'와 '왜 일어났는가?'다. 이제 이 질문들의 답을 찾아가는 구체적인 예를 살펴보자. 언제나처럼 기, 승, 전, 꼬마선충이다.

몇 해 전 나는 연구실 사람들과 충주에 있는 사과 농장을 방문해 썩은 사과들을 촬영했다. 왜 굳이 썩은 사과였을까? 그 이유는 간단하다. 썩은 사과에는 세균이 굉장히 많고, 그 세균들을 먹고사는 예쁜꼬마선충들도 많이 살기 때문이다. 그곳에서 우리는 풍뎅이 같은 곤충의 등에 매달려 빠르게 이동하는 예쁜꼬마선충을 발견했다. 그리고 그 모습에 굉장한 호기심과 흥미를 느꼈다.

연구실에서는 예쁜꼬마선충을 조그마한 플라스틱 플레이트에서 키우며 먹이로 대장균을 제공해준다. 이 예쁜꼬마선충에게 더 이상 대장균을 제공하지 않고 오래 방치하면 어떻게 될까? 당연히 대장균은 없어지고 환경이 나빠져 곰팡이가 자라난다. 그 곰팡이를 현미경으로 관찰하면 곰팡이 끝에 올라가 몸을 세워 흔드는 예쁜꼬마선충의 모습을 볼 수 있다. 사과 농장에서 발견한 예쁜꼬마선충도 이렇게 몸을 세워 흔들다 근처를 지나던 풍뎅이 등에 올라탔고, 우연히 우리에게 발견되었다.

히치하이킹을 위해 몸을 세워 흔드는 예쁜꼬마선충의 닉테이션nictation 행동은 이미 1970년대에 보고된 생명현상이다. 다만 아무도 연구하지 않았을 뿐이다. 그런데 나는 왜 이 행동에 주목한 것일까? 그 이유를 설명하려면 먼저 예쁜꼬마선충의 생활사를 알아야 한다.

예쁜꼬마선충은 알에서 태어난다. 일정한 수만큼 세포 분열을 한 후 알을 깨고 나온 것이 첫 번째 유충이다. 그 유충이 네 번의 탈피를 거쳐 성충이 되기까지는 약 3일 정도 시간이 걸린다. 그리고 성충이 되면 2주쯤 살면서 자손을

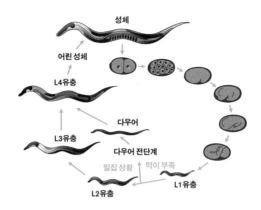

성체

어린 성체

L4유충

다우어

L3유충

다우어 전단계

밀집 상황　먹이 부족

L2유충　　　**L1유충**

예쁜꼬마선충의 닉테이션

약 300마리 정도 낳고 죽는다. 이것이 예쁜꼬마선충의 일
반적인 생활사다.

　예쁜꼬마선충은 알을 깨고 나와 첫 번째 유충일 때 자신
이 살아갈 환경을 살펴본다. 먹을 것이 별로 없거나 함께
살아야 할 유충이 너무 많으면 발생의 단계를 멈추는 결정
을 한다. 이렇게 생기는 휴면 유충이 다우어^dauer다. 휴면 단
계에 들어가면 다우어 유충은 먹지도 않고 죽지도 않으며,
그 상태로 6개월까지 견딜 수 있다. 그러다 주변 환경이 살
기 좋게 바뀌는 순간 다우어는 빠르게 발생을 진행한다. 신

속히 성충이 되어 자손을 낳고 죽는다.

그런데 몸을 세워 흔드는 닉테이션 행동은 예쁜꼬마선충의 생활사 중에서 오직 다우어라는 휴면 유충만이 할 수 있다. 다우어 유충이 특별히 이 행동을 할 수 있다는 것은 DNA 어딘가에 이 정보가 들어 있다는 의미다. 바로 이것이 내가 이 행동에 흥미를 느끼고 주목하게 된 이유다.

닉테이션 정보가 담긴 유전자를 찾아라

나는 예쁜꼬마선충, 특히 다우어 유충의 닉테이션에 대해 두 가지 질문을 떠올릴 수 있었다. 첫 번째는 '다우어 유충은 닉테이션을 어떻게 하는가'이고, 두 번째는 '다우어 유충은 왜 닉테이션을 하는가'다. 그리고 질문의 답을 찾기 위해 돌연변이를 찾는 유전학적 방법을 선택했다.

먼저 닉테이션을 전혀 하지 못하는 돌연변이 또는 닉테이션을 굉장히 잘하는 돌연변이를 찾기로 했다. 그런 돌연변이를 발견한다면 닉테이션이 프로그램되어 있는 유전자를 찾을 수 있으리라 생각했기 때문이다. 하지만 시간을 들여 열심히 연구했음에도 결국 아무것도 찾지 못했다. 왜 그랬을까?

아주 드물긴 하지만 모두 죽는 상황에서 살아나거나, 아무도 닉테이션 행동을 하지 않을 때 혼자 몸을 세우고 있는 등 동정하기 쉬운 돌연변이 동정 방법을 찾지 못한 것이 패인이었다. 닉테이션 행동이 마치 OX 문제처럼 모든 개체가 이 행동을 하거나 하지 않는다면 연구하기 쉬웠을 것이다. 그러나 실제로 이 행동은 정량적인 형질을 나타내는 것이었기에 우리는 난관에 부딪혔다.

다시 말해 다우어 유충 100마리를 보면 동시에 닉테이션을 하는 개체는 30마리 정도 되었으며, 시간을 두고 지켜보면 결국에는 모든 개체들이 닉테이션을 할 수 있음을 알 수 있었다. 그리고 특정 시간 안에 닉테이션을 못 하는 돌연변이나 아주 잘하는 돌연변이를 수많은 개체들 중에서 찾아내는 것이 매우 힘든 일임을 이내 깨달았다.

그래서 우리는 닉테이션이 행동이라는 점에 초점을 맞추어 우회적인 방법을 선택했다. 신경세포가 근육에 신경전달물질로 신호를 주고 이 신호에 따라 근육이 움직이는 것이 바로 행동이다. 몸을 세우는 닉테이션 역시 이런 과정을 통해 근육이 움직인 결과라는 뜻이다. 조금 더 세밀하게 들여다보면, 예쁜꼬마선충의 근육이 한쪽은 수축하고 한쪽은 이완해야 닉테이션이 가능하다. 근육이 이렇게 움직이려면 신경전달물질이 약간의 시차를 두고 전달되거나, 아니면 전달되는 회로가 아예 달라야 한다.

이런 사실을 바탕으로 어떤 신경전달물질이 신호를 주는지 알 수 있다면 그 신경전달물질을 분비하는 신경세포를 찾아낼 수 있다. 그리고 더 나아가 신경세포 속에서 어떤 유전자가 작동하는지도 찾을 수 있다. 이것이 바로 우회적인 방법이다.

신경전달물질은 예쁜꼬마선충이나 인간이나 거의 똑같다. 다만 예쁜꼬마선충은 특정 신경전달물질을 만들지 못하는 돌연변이 그리고 그와 관련된 유전자들이 종류대로 다 발견된 상태라는 점이 다르며, 무엇보다 이것을 장점으로 가진 모델 동물이다. 그래서 이 돌연변이들을 모두 모아 닉테이션을 얼마나 잘하는지 살펴보았다.

대부분 돌연변이는 닉테이션 비율이 30퍼센트 내외로 나타났다. 그런데 n2411과 p503 돌연변이는 닉테이션 비율이 10~15퍼센트에 불과했다. 이것은 두 돌연변이가 현저하게 닉테이션을 못한다는 의미다. n2411과 p503은 cha-1 유전자에 변이가 발생한 돌연변이인데, cha-1 유전자는 신경전달물질인 아세틸콜린에 관여하는 유전자다. 그래서 '닉테이션은 아세틸콜린을 매개로 해서 일어나는 현상'이라는 사실을 알 수 있었다.

이제 닉테이션을 일으키는 아세틸콜린이 어떤 신경세포에서 분비되는지를 찾아낼 차례다. 예쁜꼬마선충에게는 아세틸콜린을 만들 수 있는 신경세포가 수십 개나 있다. n2411과 p503 돌연변이도 마찬가지다. 그중 특정 신경세포를 지정해 아세틸콜린을 만들게 하는 실험을 반복하다 보면 닉테이션과 관련된 신경세포를 찾을 수 있지 않을까? 즉 어떤 신경세포에서 아세틸콜린을 만들었을 때 예쁜꼬마선충의 닉테이션이 회복되는지를 확인한다는 말이다.

그렇게 찾아낸 신경세포가 바로 IL2다. IL2는 입술 안쪽에 있는 특별한 신경세포다. 이로써 'IL2라는 신경세포에서 아세틸콜린이 분비돼야 닉테이션이 일어난다'는 것까지 확인했다. '어떻게 다우어 유충이 닉테이션을 할 수 있는가?'에 대한 답을 향한 마지막 질문이 남았다. '도대체 다우어 유충의 IL2 신경세포 안의 어떤 유전자가 몸을 세워 흔드는 닉테이션을 하게 만들까?' 이 질문에 대한 답은 아직 찾지 못했지만 계속 찾아가는 중이다.

이번에는 '다우어 유충은 왜 닉테이션을 하는가?'에 대한 답을 찾는 실험이다. 연구실에서는 '다우어 유충의 닉테이션은 히치하이킹이다'라는 주장을 증명하기로 했다. 실험 방법은 대조군과 실험군을 비교하는 것으로 정했다.

대조군 플레이트에는 얌전히 누워 있는 다우어가 아닌 예쁜꼬마선충을 두고, 실험군 플레이트에는 몸을 세워 흔들고 있는 다우어 유충을 두었다. 그리고 각각의 플레이트에서 조금 떨어진 곳에 대장균이 노랗게 깔린 플레이트를 두었다. 대장균은 예쁜꼬마선충의 먹이다. 우선 이 두 가지 세팅을 그대로 둔다. 실험 결과는 어땠을까? 아무리 기다려도 어떤 쪽의 예쁜꼬마선충도 대장균이 있는 플레이트로 옮겨가지 못했다. 어찌 보면 당연한 일이다. 왜냐하면 예쁜꼬마선충은 절대 스스로 플레이트를 벗어날 수 없기 때문이다.

다음으로 예쁜꼬마선충이 히치하이킹을 할 수 있는 조건을 양쪽에 추가했다. 옆 연구실에서 초파리를 얻어 각각 10마리씩을 넣어준 것이다. 투입된 초파리는 열심히 이리저리 왔다갔다 한다. 그렇게 약 여섯 시간이 흐른 후 확인해보면 놀랍게도 몸을 세워 흔들고 있던 다우어 유충 일부가 새로운 서식지, 즉 대장균이 있는 플레이트로 이동해 있는 걸 볼 수 있다. 반면 대조군에 있는 다우어가 아닌 실험군의 예쁜꼬마선충은 대장균이 있는 플레이트로 옮겨가지 않았다.

이 실험을 통해서 예쁜꼬마선충이 몸을 세워 흔드는 닉테이션을 왜 하는지 그 이유를 알 수 있었다. 닉테이션은 먹이가 없을 때 새로운 서식지로 옮겨가기 위한 생존 본능인 것이다. 이렇게 '다우어 유충은 왜 닉테이션을 하는가?'에 대한 답을 찾았다.

생명현상을 증명하고
응용하다

생명현상을 증명하는 두 가지 방법

생명과학에서 어떤 생명현상을 주장하려면 반드시 실험을 통해 그 현상을 증명해 보여야 한다. 그렇다면 구체적으로 어떻게 증명할까?

새로운 생명현상을 찾으면 앞서 제시한 두 가지 질문을 떠올린다. 그리고 질문의 답을 찾기 위해 대개 두 가지 방법을 사용한다. 그것은 '없애보기'와 '옮겨보기'다. 언어적 표현으로는 매우 단순해 보이지만, 이 두 가지를 연구실에서 실행하는 과정은 매우 다양하고 복잡하다. 하지만 원리만 기억하면 못 할 일이 없다. 예쁜꼬마선충의 닉테이션 연구에도 이 방법들이 사용되었다.

먼저 다우어 유충의 닉테이션을 일으키는 신경세포가 IL2라는 사실을 알아냈다. 이러한 사실도 증명이 필요하다. 이것은 '없애보기' 방법으로 필요조건임을 증명할 수 있다. IL2 신경세포를 없앴을 때 닉테이션이 일어나지 않는지를 관찰하는 것이다.

실험에서 가장 중요한 것은 IL2 신경세포만 특이적으로 없애는 것이다. 그 방법은 여러 가지가 있겠지만 우리는 특정한 유전자를 도입해 IL2라는 신경세포를 죽여서 없애는 방법을 썼다. 이때 특정한 유전자로는 세포사멸을 일으키는 단백질 유전자가 자주 쓰인다. 이 유전자가 발현되어 단백질을 만들면 그 세포는 죽게 된다.

다른 방법도 있는데, IL2 신경세포만 레이저로 쏴서 없앨 수도 있다. 어떤 방법으로든 IL2 신경세포를 없애면 다우어 유충의 닉테이션 효율이 상당히 떨어진다. 효율이 약 30퍼센트 정도였다가 갑자기 10퍼센트 미만이 된다. 이 실험의 성공으로 'IL2는 다우어 유충의 닉테이션의 필요조건이다'라는 주장이 증명되었다.

IL2 신경세포의 닉테이션을 증명하는 또 다른 방법으로는 '옮겨보기' 실험이 있다. 옮겨보기 실험도 다양한 방식으로 할 수 있다. 예를 들어보자. 평소 유전자가 발현되지 않는 곳에 유전자를 발현시키는 일은 유전자 발현을 '옮겨보는' 실험이 된다. 그뿐 아니다. 특정 세포를 다른 부위로 이식하는 것 또한 세포를 '옮겨보는' 실험이 된다.

닉테이션의 경우 다우어 유충이 무엇인가에 부딪혀서 자극이 오면 IL2 신경세포가 작동해 몸을 들게 된다. 그런데 이런 부딪힘 자극을 주지 않고 다른 방식으로 IL2 신경세포의 활성을 올려주었을 때도 닉테이션을 잘한다면 어떻게 될까? 그렇다면 중요한 것은 자극이 아니라는 얘기가 된다. 즉 IL2 활성 자체가 닉테이션을 일으키는 충분조건이 됨을 설명할 수 있게 되는 것이다.

광유전학적 방법을 사용하는 이 실험 역시 성공했다. IL2 신경세포에 빛을 쪼이는 자극을 줬더니 닉테이션 효율이 엄청나게 올랐다. 대조군이 30~40퍼센트 효율을 보일 때 실험군의 효율은 무려 100퍼센트에 육박했다. 실제 IL2 신경세포의 활성을 높여주면 닉테이션 효율이 엄청나게 올라가는 결과를 나타낸다는 뜻이다. 이로써 '다우어 유충의 닉테이션은 IL2 신경세포의 활성만으로 충분하다'고 주장할 수 있다.

두 실험 결과로 얻을 수 있는 결론은 '다우어 유충의 닉테이션에 있어서 IL2 신경세포는 필요조건이자 충분조건이다'가 된다. 정리하면 '없애보기' 실험이 성공하면 필요조건을 증명하는 것이고, '옮겨보기' 실험이 제대로 작동하면 충분조건을 증명하는 것이다.

'어떻게 다우어 유충만 닉테이션을 할 수 있는가?'라는 질문에 대해 현재까지 알게 된 답은 이렇다. 다우어 유충의 닉테이션은 IL2 신경세포의 아세틸콜린이라는 신경전달물질 분비로 일어나는데 나머지는 아직 잘 모른다. 지금까지는 아주 제한된 답만 알고 있는 셈이다. 하지만 이 제한된 사실조차 모르면 다음 연구 주제를 정하는 것이 어려울 수밖에 없다. 따라서 이 사실은 생명현상을 연구하는 데 있어 매우 중요한 출발선이 된다.

발견은 또 다른 가능성의 시작

작은 발견이 또 다른 생명현상을 연구하는 중요한 기점이 될 수 있기에 다우어 유충의 닉테이션을 꽤 열심히 연구했다. 그뿐 아니다. 다른 연구가 궁금해서 닉테이션을 활용한 특허를 찾아보았고 실제로 찾아내기도 했다. 미국에서 특허를 받은 것인데, 선충의 닉테이션을 이용한 바퀴벌레 박멸 장치다. 물론 여기에 활용된 선충은 예쁜꼬마선충이 아니라 바퀴벌레에 기생하며 바퀴벌레를 죽이는 선충이다.

이 장치는 안에 구슬을 넣어 선충들이 계속 닉테이션하게 만들어놓았다. 그리고 바퀴벌레가 좋아하는 냄새를 피워 선충들이 닉테이션하는 곳을 지나가게 한다. 선충이 바퀴벌레를 죽이는 데는 시간이 걸리기 때문에 바퀴벌레는 금방 죽지 않는다. 그런데 이것이 신의 한 수다. 그동안 그 바퀴벌레가 선충을 데리고 집으로 돌아가서 다른 바퀴벌레에게 선충을 옮겨주기 때문이다. 이 장치는 이러한 원리를 활용해 바퀴벌레를 박멸할 수 있다며 특허를 출원해서 등록해놓은 것이었다.

똑같이 선충의 닉테이션을 연구하지만 전혀 다른 목적으로 사용한 사례다. 우리는 기초과학을 연구하고, 이 장치를 만든 사람은 응용과학을 연구하는 데서 오는 차이이기도 하다. 이 특허에 대해 알게 된 후 이를 응용해 다양한 곳에 활용하면 좋겠다는 생각이 들었다. 실제로 우리나라의 소나무는 소나무재선충 때문에 그 피해가 심각하다. 이 장치를 활용하면 분명 좋은 해결책이 될 수도 있을 터다.

지금까지 연구를 통해 찾아낸 닉테이션의 비밀은 이렇다. 예쁜꼬마선충 중 다우어 유충만이 보여주는 닉테이션은 외부 자극을 받은 IL2라는 특별한 신경세포(뉴런)가 신경전달물질을 분비함으로써 근육이 수축 혹은 이완되며 이뤄지는 행동이다. 이는 첫 번째 질문 '어떻게 일어났는가'에 대한 답이다. 그리고 '왜 일어났는가'의 답은 이것이다. 닉테이션은 생존을 통한 종의 확산을 위한 일종의 히치하이킹 행동이다.

　하지만 나의 연구는 여기서 그치지 않았다. 왜냐하면 지금까지 찾아낸 몇 가지 답들 때문에 더 많은 새로운 질문들이 나왔기 때문이다. 먼저 예쁜꼬마선충이 부딪혔다는 것을 어떻게 인식하는지 아직 모른다. 또 IL2 신경세포 뒤에서 어떤 신경세포들이 작동해서 근육으로 신호를 보내는지도 모른다. '왜 다우어라는 휴면 유충만 닉테이션을 하는가?'라는 질문에 대해서도 여전히 답을 찾는 중이다. 이러한 호기심을 일으키는 새로운 질문들이 생명과학 연구를 더욱 흥미롭게 지속하도록 만들어준다.

모든 생명현상에는
이유가 있다

가시고기, 소설 제목으로도 유명한 이름이라 한 번쯤 들어
보았을 것이다. 가시고기는 배 쪽에 큰 가시를 가진 것이
특징인데, 그 가시는 척추에서 유래한 조직이 만드는 구조
물이다. 가시고기는 호수에도 살고 바다에도 사는데 이 둘
은 같은 종이다.

동물의 종이 같다는 것은 어떤 기준을 갖고 판단하는 것
일까? 그 기준은 '둘을 교배시켰을 때 자손이 태어나고, 그
자손이 생식 능력을 가져서 다음 자손을 낳을 수 있느냐?'
다. 만약 그렇다면 둘은 같은 종이다. 물론 세균과 같은 단
세포 생활체는 교배를 시킨다는 게 가능하지 않으므로 그

경우에는 DNA 염기서열로 같은 종인지를 확인한다.

바다와 호수에 사는 가시고기는 같은 종이지만 그 모습은 굉장히 다르다. 바다에 있는 가시고기는 덩치도 크고 이름에 걸맞게 배 쪽에 큰 가시가 있다. 반면 민물인 호수에 사는 가시고기는 크기가 작고 배 쪽에 가시가 없다. 호기심이 생길 수밖에 없는 신기한 생명현상이다.

생명현상의 비밀을 밝히는 두 가지 질문을 가시고기에 적용하면 어떤 질문이 나올까? 그 질문은 '두 가시고기는 어떻게 달라졌을까?'와 '두 가시고기는 왜 달라졌을까?'이다. 질문에 대한 답을 찾는 방법은 예쁜꼬마선충 연구와는 달라야 한다. 가시고기는 전형적인 모델생물이 아니라서 돌연변이를 찾거나 신경전달물질이 무엇인지 찾는 일이 매우 어렵기 때문이다. 하지만 또 다른 유전학 실험을 통해 답을 찾을 수 있었다.

먼저 바다에 사는 가시고기와 민물에 사는 가시고기를 체외 수정을 통해 교배시킨다. 그렇게 자손이 태어나면 그 자손 가시고기들을 또 교배시킨다. 그러면 자손을 만들 수 있는 가시고기가 태어난다. 왜냐하면 둘은 같은 종이기 때문이다.

그렇게 두 세대 정도가 이어지면 많은 가시고기를 얻을 수 있다. 그 가시고기 중에서 가시를 가지고 있는 것과 그렇지 않은 것을 구분한다. 그리고 두 종류의 가시고기 유전체를 각각 분석한다. 가시고기는 염색체가 11개인데 각각의 유전자 지도는 이미 가지고 있다. 이것을 바탕으로 둘의 유전체를 비교 분석하면 된다.

굉장히 오랜 기간 연구를 통해 연구진은 '가시가 있다'는 현상과 함께 항상 같이 다니는 특정한 유전자 부위를 찾아냈다. 바로 7번 염색체의 특정한 유전자 부위(즉 DNA 염기서열 부위)가 가시가 있을 때는 있고 가시가 없을 때는 없다는 사실을 밝혀낸 것이다. 즉 이 DNA 염기서열 부위가 있느냐 없느냐에 따라서 가시가 만들어지느냐 아니냐가 결정된다.

그 유전자는 어떤 유전자일까? 바로 가시의 발현을 조절하는 ptx1 유전자였다. 이 유전자를 가시고기는 물론이고 초파리도, 예쁜꼬마선충도, 인간도 가지고 있다. 이후 ptx1 유전자 외에 다른 유전자들도 가시의 유무에 관여한다는 사실을 밝혀냈다.

이제 두 번째 질문으로 넘어가자. '두 가시고기는 왜 달라졌을까?' 바다에 사는 가시고기와 호수에 사는 가시고기가 살아가는 환경을 살펴보면 어렵지 않게 답을 찾을 수 있다. 앞서 이야기한 후추나방의 경우처럼 직관적으로 알 수 있다.

바다에 사는 가시고기는 다른 어류에 비해 조그마한 물고기다. 크기가 작으면 당연히 포식자에게 쉬이 잡아먹히는 먹이가 된다. 하지만 가시고기는 크기가 작을 뿐 그리 만만한 상대가 아니다. 가시고기는 단단한 가시가 달려 있어 실상 포식자들이 좋아하지 않는다. 가시고기를 잡아먹

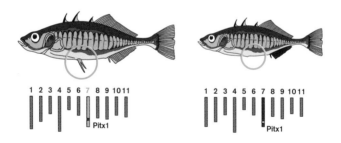

바다 가시고기와 호수 가시고기의 차이

는 순간 입안이 가시에 찔려 상처가 나기 때문이다. 그러니 먹이로 삼기가 쉽지 않다. 물론 멋모르고 한번은 먹을 수 있겠지만 상처를 입고 난 다음부터는 결코 가시고기를 먹이로 탐하지 않게 된다.

가시고기 입장에서 가시는 자신을 지키는 보호막인 셈이다. 그러니 가시가 클수록 포식자에게 크고 깊은 상처를 낼 수 있으므로 생존 확률이 높아진다. 그런데 호수의 가시고기는 생존에 큰 도움이 되는 이 가시를 없애버렸다. 왜 이런 선택을 하게 된 것일까? 사실 민물인 호수에는 몸집이 큰 포식자들이 바다만큼 많지 않다. 그 대신 가시고기를 잡아먹는 위협적인 존재가 따로 있다. 바로 잠자리 유충이다. 민물 호수에 많이 사는 잠자리 유충은 가시를 붙들어 가시고기를 잡아먹는다. 그러니 호수에서는 가시가 없어야 잘 잡히지 않을뿐더러 생존 확률도 높아진다.

이처럼 바다에 사는 가시고기와 호수에 사는 가시고기는 생활 환경의 변화에 따라 생존에 유리한 선택을 한다. 다시 말해 ptx1 유전자의 발현을 조절해 배 쪽 가시의 유무를 선택하는 것이다.

아무런 의미 없이 일어나는 생명현상은 없다. 이런 사실을 알고 나면, 새로운 생명현상을 마주했을 때 '이런 현상이 어떻게 일어났지? 왜 일어났을까?'라는 질문을 자연스럽게 떠올리게 될 것이다.

Q 묻고
A 답하기

30년 넘게 예쁜꼬마선충을 연구해왔
음에도 계속 '어떻게', '왜'라는 질문이
이어진 이유는 무엇인가?

1989년 칼텍 박사 과정 당시에 처음 예쁜꼬마선
충을 만났다. 그 후 예쁜꼬마선충의 히치하이킹
행동에 대해 연구해온 시간이 거의 20년 가까이
됐다. 그리고 여전히 관련 연구를 진행 중이다.
'어떻게'라는 질문에 대한 답을 찾는 데 7~8년쯤
걸렸고, '왜'라는 질문은 연구하는 내내 계속 고민
했던 터라 정리하는 데 1년 정도 걸렸다.

그 후에 우리는 영국 예쁜꼬마선충은 닉테이션을 잘하고 하와이 예쁜꼬마선충은 닉테이션을 잘 못하는데, 그 이유가 특정 유전자 부위 때문이라는 것을 연구를 통해 밝혀냈다. 나아가 전 세계 다양한 예쁜꼬마선충 품종들 사이의 닉테이션 정도 차이를 조사하고 새로운 조절 유전자를 발굴하는 데도 성공했다. 이렇게 꼬리에 꼬리를 무는 질문들을 풀어가다 보니 아직도 그 끝은 보이지 않는 상황이다. 무궁무진한 질문들이 꼬리를 물면서 계속 파생되기 때문이다. 아마도 당분간은 그럴 것이다.

최근 10년간 가장 관심을 갖고 추진하는 연구는 닉테이션을 하는 휴면 유충 다우어의 커넥톰을 총체적으로 분석하는 일이다. 우리의 질문은 '휴면 유충의 신경회로는 다른 발생단계와는 어떻게 다른가'이다. 커넥톰이란 모든 신경세포가 연결된 총체를 의미하는 것으로, 전체 신경 활동의 회로도라고 할 수 있다.

새로운 생명현상을 보면 먼저 '어떻게'라는 질

문에 대한 답을 찾는 것이 보통이다. '왜'라는 질문은 가설을 세우기는 쉬우나 증명하기가 굉장히 어렵기 때문이다. 특히 진화적 관점에서 봐야 하는 상황이 벌어지면 선택의 여지 없이 추측하는 방법뿐이다. 예쁜꼬마선충 닉테이션 연구의 경우 '이건 새로운 서식지로 가기 위한 생존 본능이다'라는 가설을 먼저 세웠고, 다행히 실험적으로 증명해 보여줄 수 있었다. 하지만 모든 생명현상에 대한 가설을 실험으로 증명할 수 있는 것은 아니다. 그런 면에서 '왜'라는 질문의 답을 찾는 일은 여전히 어렵다.

이런 어려움에도 불구하고 머릿속에서 항상 질문이 이어져 연구를 계속할 수 있다면 좋겠다.

예쁜꼬마선충 연구가 코로나와 같은 바이러스의 항체 형성에도 도움이 될까?

항체는 면역 체계의 한 부분이다. 그러므로 항체

에 대해 이야기하려면 먼저 면역 체계에 대해 알아야 한다.

면역은 크게 두 가지다. 하나는 항체를 이용한 면역이고, 다른 하나는 항체 없이 자연스럽게 일어나는 선천성 면역이다. 그리고 면역은 익히 알고 있듯이 나인지 남인지를 구별하는 것에서 출발한다. 내가 아니면 다 적이 되는 것이다. 따라서 대상을 가리지 않고 공격하면 그게 선천성 면역이고 특별한 대상만을 공격하면 항체를 통한 면역이 된다.

사실 예쁜꼬마선충은 항체 같은 것이 없다. 대신 선천성 면역이 굉장히 잘 되어 있다. 그 때문에 예쁜꼬마선충 연구를 통해 선천성 면역과 관련한 새로운 발견을 많이 할 수 있었다. 그 발견 중에는 노벨상을 받았던 'RNA 간섭 현상RNA interference'이 있다. RNA 간섭 현상이란 RNA 분자가 그 서열과 상보적인 서열을 가지는 유전자의 발현을 억제하는 현상을 일컫는다. RNA 간섭 현상은 이 현상이 발견되기 전까지는 존재할 것이라는 상상조차 하지 못했다.

2006년 노벨 생리의학상을 수상한 두 명의 과학자 앤드루 파이어Andrew Fire와 크레이그 멜로Craig Mello는 특정 유전자 발현을 인위적으로 억제하는 방법을 찾아냈다. mRNA(mRNA는 단백질의 아미노산 서열 정보를 가지고 있다)서열과 상보되는(예를 들면 C에는 G, A에는 U가 상보적이다) 서열의 RNA를 인위적으로 많이 넣어주면, mRNA와 새롭게 도입해준 RNA가 서로 수소결합을 해서 mRNA를 통한 단백질 합성 과정을 막게 된다. 그 둘은 유전자 발현을 억제하기 위해 이 방법을 고안해냈고 구체적인 실험을 진행했다.

그런데 정말 놀랍게도 단일 가닥의 RNA가 아니라 두 가닥의 RNA가 그런 일을 한다는 것이 명백하게 밝혀졌고, 그 현상을 RNA 간섭 현상이라고 부르게 되었다. RNA 간섭 현상과 비슷한 기전으로 작동하는 RNA가 이미 예쁜꼬마선충 안에 들어 있었으니 이것이 바로 마이크로 RNA라는 작은 RNA 종류다.

이 RNA가 예쁜꼬마선충 입장에서는 면역체가 된다. 외부 침입자의 RNA를 인식하고 마이크로 RNA가 결합해 RNA 간섭 현상을 일으켜 침입자를 물리칠 수 있기 때문이다. 이런 현상은 예쁜꼬마선충에서만 일어나는 것이 아니라 사람의 세포에서도 유사하게 작동한다. 이런 이유로 면역 반응의 가장 근원적인 부분들을 연구할 때 예쁜꼬마선충이 모델생물로 활용되는 것이다.

나아가 그 연구 결과를 인간에게 응용할 수 있지 않을까 하는 고민도 하고 있다.

2부_____

세상에서
가장

작지
만

위대
한

발견

생명과학은 '인간의 생명현상'을 이해하기 위해 초파리, 예쁜꼬마선충을 시작으로 제브라피시와 생쥐까지 다양한 모델생물을 연구에 도입했다. 그동안 생명과학이 거둔 성취는 모델생물이 아니었다면 불가능했을 것이다. 생명과학의 놀라운 발전을 이루어낸 작지만 위대한 존재인 모델생물은 어떤 역사를 가지고 있을까?

매력적인 모델생물의
세 가지 조건

생명현상과 모델생물은 어떤 관계일까?

예쁜꼬마선충, 초파리, 제브라피시, 생쥐. 이 생물들의 공통점은 모두 모델생물이라는 점이다. 생명현상을 밝히는 데 있어 모델생물은 없어서는 안 될 존재다. 왜일까? 모델생물이 필요한 이유는 무엇일까? 생물학을 비롯해 수많은 학문은 인간, 즉 인간이라는 생명체를 오롯이 이해하기 위한 과정이고 결과다. 하지만 인간을 실험의 대상으로 사용하는 것은 여러 가지 이유로 불가능하다. 그래서 그 대체제로 등장한 것이 모델생물이다.

다시 말해 모델생물이 연구에 활용되는 것은 생명의 보편성 때문이다. 그리고 보편성의 가장 기본은 지구상에 있는 모든 생물종들이 똑같은 알파벳을 쓴다는 사실이다. 여기서 알파벳은 언어가 아니라 유전정보를 말한다. 유전정보 암호는 네 가지 염기의 순열로 이루어져 있다. 바이러스부터 인간에 이르기까지 약간의 예외가 있긴 하지만 모든 생명체가 거의 항상 동일한 알파벳을 쓴다. 따라서 인간에 대한 이해를 궁극의 목표로 할 때 모델생물 연구는 아주 좋은 수단이 된다.

빠르게, 값싸게, 정확하게

찰스 다윈은 『종의 기원』을 출간한 후 유럽 전역 작은 서점을 다니며 오늘날 북콘서트와 같은 행사를 열었다. 그는 가는 곳마다 엄청난 이슈를 불러일으켰다. 그즈음 한 만화 잡지에 찰스 다윈의 진화론을 보여주는 카툰이 실렸다. 그 카툰은 찰스 다윈을 시작점으로 해서 시계 방향으로 회오리처럼 돌아가는 형태로 구성되어 있는데, 맨 끝에 이르면 벌레가 그려져 있다. 나는 이걸 예쁜꼬마선충이라고 주장하곤 하지만 사실은 지렁이가 아닐까 싶다. 이 카툰의 제목은 'Man is but a Worm'으로, '인간이 곧 벌레'라는 뜻이다. 이 카툰은 생명과학의 수단으로서 다뤄지는 모델생물이

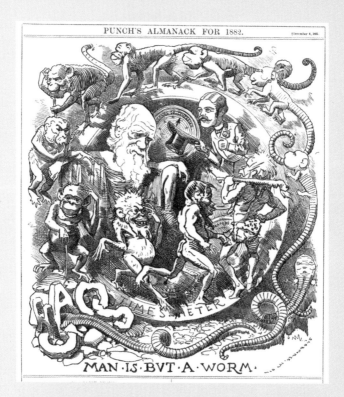

다윈의 진화론을 보여주는 카툰, 'Man is but a Worm'

어떤 의미를 갖는지 상징적으로 보여준다.

모델생물은 매우 다양하지만 모든 생물이 모델생물이 될 수 있는 것은 아니다. 모델생물이 되기 위해서는 일정한 조건을 갖추어야만 한다. 새로운 모델생물을 찾는다는 가정하에 어떤 조건들이 필요한지 하나하나 살펴보자.

모델생물이 되려면 우선 정말 빠르게 세대를 이어 번식할 수 있어야 한다. 그리고 번식하는 일이 쉽고 그에 따른 비용이 많이 들지 않아야 한다. 보존되어 있는 생명현상을 연구하는 데 오랜 시간과 연구비가 소요되는 것은 효율적이지 않기 때문이다. 마지막으로 인간과의 유사성이 충분해야 한다는 점도 중요한 조건이다. 여기서 말하는 유사성은 생김새의 유사성이 아니라 유전정보의 유사성이다. 정리하면 모델생물은 빠르고, 값싸고, 정확해야 한다.

정확해야 한다는 조건, 즉 유전정보의 유사성은 구체적으로 무엇을 의미할까? 유전정보를 이루는 네 가지 염기 순열의 순서가 달라지면 정보가 달라진다. 순서가 비슷할수록 유사성이 높다고 할 수 있다. 예를 들면 인간과 침팬지는 순열의 순서가 굉장히 비슷하다. 인간과 생쥐도 상당히 비슷하다. 인간과 예쁜꼬마선충은 적당히 비슷하다. 게다가 예쁜꼬마선충의 유전자 중 절반 정도가 인간에게도 있다. 그 정도 유사성이면 모델생물의 조건으로 충분하다.

여기에 더해 몇 가지 조건을 더 갖춘다면 모델생물로서 더 적합해진다. 우선 그 모델생물을 대상으로 하는 다양한 분석 기법이 확립돼 있으면 좋다. 그리고 유전자 수준을 넘어 유전체 정보가 있으면 더욱 좋다. 유전체는 유전자의 전부, 즉 인간이라면 염색체 23쌍의 염기서열 전부를 말한다. 지금은 많은 동물의 유전체 정보가 확보돼 있다. 그러나 유전체 정보가 있음에도 모델생물이 아닌 경우도 꽤 많다. 이들이 모델생물이 되지 못한 것은 대부분 앞의 세 가지 조건, 즉 '빠르게, 값싸게, 정확하게'가 충족되지 못했기 때문이다.

이러니 예쁜꼬마선충을 사랑할 수밖에

예쁜꼬마선충은 우리가 사용하는 한글 학명이다. 영어 학명은 'Caenorhabditis elegans'로, 속명-종명으로 이루어져 있다. elegans를 우리는 '예쁜'으로 번역했다. 예쁜꼬마선충은 인간과 전혀 다른 모습을 갖고 있지만 나를 비롯해 많은 유전학자가 연구하는 모델생물이다. 모델생물로서 어떤 이점이 있기에 이토록 널리 사랑받는 것일까?

예쁜꼬마선충이 사랑받는 이유는 다음 세 가지 조건을 모두 갖추었기 때문이다. 예쁜꼬마선충은 세대 번식을 빠르게 해낼 수 있다. 보통 알에서 부화하고 3일 반이면 번식을 시작하는데 무려 알을 300개씩 낳는다. 한 마리의 예쁜꼬마선충이 일주일이면 10만 마리의 후손을 만들 수 있다는 뜻이다.

유전학에서는 모델생물의 돌연변이를 찾아 연구하는 경우가 많은데 실제 돌연변이의 빈도는 굉장히 낮다. 그래서 아주 많은 개체를 확인해야 한다. 때로는 1억 마리를 확인해야 할 때도 있다. 하지만 예쁜꼬마선충이라면 1억 마리를 번식시키는 것도 또 그것을 일일이 확인하는 것도 어렵지 않다.

그뿐 아니다. 대장균만 제공하면 예쁜꼬마선충을 쉽게 키울 수 있으며, 다른 것은 필요치 않다. 큰 비용이 들지 않고 쉽게 키울 수 있으니 이 역시 매력적이다.

마지막으로 예쁜꼬마선충은 인간과 유전자의 유사성이 충분하다. 유전자 2만 개 중 50퍼센트 정도가 인간에게도 보존되어 있다. 결과적으로 예쁜꼬마선충 유전자 100개를 연구하면 그중 50개는 인간에게도 있는 것이라는 얘기다. 게다가 나머지 50개는 생물 다양성이라는 면에서 아주 좋은 연구 내용이 되기도 한다.

나머지 50개 '비인간적' 유전자들은 인간에게는 필요 없지만 선충에게는 필요한 생명현상을 위한 유전자들일 것이다. 그러니 이러한 유전자 기능을 많이 알게 될수록 다양한 생명현상의 진화과정을 더욱 잘 이해하게 될 것이 분명하다. 예를 들어 최근에 우리 연구실에서 발견한 한 유전자는 예쁜꼬마선충 중에서도 아주 작은 집단의 종에게만 존재하는 유전자다. 이런 이유로 인간에게는 절대로 없는 유전자이기도 하다. 어쨌든 이 유전자가 없어지면 예쁜꼬마선충은 다우어에 들어가면서 100퍼센트 사망에 이르게 된다. 그만큼 아주 필수적인 유전자임을 밝혀냈다.

그러면 여기서 또 의문이 든다. 애초에 이 유전자가 없는 선충들은 왜 죽지 않았던 것일까? 진화의 가지에서 이런 신규성을 갖는 유전자는 어떻게 나타날까? 이처럼 하나의 궁금증이 해결되면 또 다른 궁금증이 파생되어 새로운 질문들이 뒤따른다. 우리는 이 연구를 요약해서 제목에 '진화적으로 어린 새로운 필수 유전자'라는 표현을 포함시켰다.

예쁜꼬마선충의 경우 다양한 생물학적인 분석 기법이 확립돼 있다. 일단 유전자 가위는 당연히 쓸 수 있다. 그리고 예쁜꼬마선충의 특성을 활용한 특별한 분석 기법도 있다. 그것은 100만 개 돌연변이 프로젝트the million mutation project를 성공시킨 핵심 기법이다. 이 프로젝트는 이름 그대로 돌연변이를 일으키는 화학물질을 예쁜꼬마선충에게 먹인 다음 그 자손을 엄청나게 많이 만들고 그 가운데 100만 개의 돌연변이를 찾는 것이다.

예쁜꼬마선충이 빠르게 번식할 수 있는 모델생물이라 하더라도 100만 개의 돌연변이를 찾을 만큼 많은 자손을 만들고 또 찾아내는 것은 여전히 쉽지 않은 일이다. 게다가 예쁜꼬마선충의 수명은 3주에 불과하다. 그럼에도 이 프로젝트가 성공할 수 있었던 이유는 얼려서 보관할 수 있는 예쁜꼬마선충의 특성 덕분이다. 예쁜꼬마선충은 영하 70도 되는 곳에 넣어두었다가 나중에 꺼내서 녹이면 다시 살아난다. 100만 개의 돌연변이를 만들어 얼려두고 필요할 때 녹여 다시 자손을 번식시켜 연구한 것이다. 실로 엄청난 분석 기법이라 할 수 있다.

유전체 정보가 확보돼 있다는 사실은 모델생물로서 예쁜꼬마선충이 가진 큰 이점이다. '휴먼 게놈 프로젝트^{human genome project}'는 인간의 유전체 정보를 모두 확보하겠다는 프로젝트다. 휴먼 게놈 프로젝트가 과연 성공할 수 있을지에 대해 많은 이들이 의심할 때 프로젝트가 성공할 수 있음을 보여준 파일럿 실험이 있다. 바로 예쁜꼬마선충을 대상으로 한 실험이다. 이 실험으로 전체 유전체 정보가 확보된 최초의 동물은 예쁜꼬마선충이 되었다. 그 연구팀은 그대로 휴먼 게놈 프로젝트를 진행했다. 그 결과는 어땠을까? 2000년에 영국 수상과 미국 대통령이 공동기자회견을 열어 인간 유전체 정보의 초안을 완성했다고 발표한다.

예쁜꼬마선충은 크기가 머리부터 꼬리 끝까지 1밀리미터 정도 되는 작은 동물이다. 게다가 온몸이 투명해서 세포 속을 들여다볼 수도 있다. 현미경에 올려놓고 개체 속의 살아 있는 세포들을 볼 수 있다는 말이다. 현미경을 사용해 1000배 정도 확대해서 보면 투명한 몸을 자세히 관찰할 수 있다. 몸 안에 난자가 수정해서 세포분열한 것들이 동그란 모양으로 보이기도 하고, 개체 옆에 태어난 배아가 함께 보이기도 한다.

때로는 세포분열하는 장면을 라이브로 관찰할 수 있는 것은 물론이고, 나중에 성충이 됐을 때 그 세포들이 어떤 운명으로 분화했는지도 확인할 수 있다. 동물의 몸 안에서 일어나는 일을 살아 있는 상태에서 세포 또는 그보다 더 자세한 수준에서 직접 볼 수 있다는 것은 모델생물로서 예쁜꼬마선충이 가진 엄청난 장점이다. 그리고 연구자들에게 예쁜꼬마선충이 그토록 사랑받는 이유이기도 하다.

노벨상을 수상한
예쁜꼬마선충

예쁜꼬마선충, 마침내 생명과학의 무대에 오르다

예쁜꼬마선충은 어떻게 생명과학의 무대에 오르게 되었을까? 그 과정을 살펴보면 상당히 흥미롭다. 1948년 학술지 《네이처》에 한 페이지짜리 논문이 하나 실렸다. 영국에서 출판되는 《네이처》는 《사이언스》, 《셀》과 함께 지금도 가장 좋은 학술지로 꼽힌다. 논문의 제목은 「유전학 소재로서 선충의 의미 있는 가능성Possible Significance of Free-living Nematodes in Genetic Research」이었고, 저자는 UC버클리의 엘즈워스 도허티Ellsworth Dougherty 교수였다. 그는 이 논문으로 예쁜꼬마선충을 생명과학계에 데뷔시켰다.

도허티는 이후에 예쁜꼬마선충의 돌연변이에 대한 논

문도 발표했다. 지금의 관점에서 보면 사실 그렇게 주목할 만한 돌연변이는 아니다. '마이크로'라는 이름의 이 돌연변이는 보통의 예쁜꼬마선충에 비해 조금 더 통통하고 조금 더 짧은 모습이다. 도허티는 이 예쁜꼬마선충의 다음 자손도 같은 모습으로 태어났기 때문에 돌연변이를 찾았다고 발표했다. 그렇게 마이크로 돌연변이는 예쁜꼬마선충 최초의 돌연변이가 되었다. 그러나 안타깝게도 도허티의 논문은 사람들의 관심을 끌지 못했다.

그러다가 1963년, 시드니 브레너Sydney Brenner가 본격적으로 예쁜꼬마선충 연구를 시작하면서 상황은 완전히 달라진다. 시드니 브레너는 예쁜꼬마선충의 원조 할아버지로 불린다. 그래서인지 이후 예쁜꼬마선충 연구는 주로 영국에서 이루어졌다. 사실 브레너는 영국에서 DNA 이중나선 구조를 발견한 프란시스 크릭과 함께 분자생물학을 연구했다. 브레너는 세 개의 염기서열이 하나의 아미노산을 지정한다는 트리플 코드 가설을 밝혀낸 사람이다.

그런 그가 DNA 이중나선 구조가 밝혀지고 10년도 채 안 된 1963년에 기존의 분자생물학의 영역을 벗어나기로 한다. 이 결정은 '분자생물학의 미래는 발생과 신경계라는 미지의 세계에 대한 탐구로 나아가는 데 달려 있다'는 확신에 따른 것이었다. 그때까지의 분자생물학은 대장균이나 대장균에 있는 바이러스를 연구하는 것이 주를 이뤘으나, 바이러스는 발생도 하지 않고 신경계도 없다. 브레너는 발생과 신경계를 알아야 인간에 대한 이해가 높아질 것이라고 판단한다.

그래서 발생과 신경계를 연구하기에 적합한 모델생물을 찾기에 이른 것이다. 왜냐하면 기존 모델생물들은 발생과 신경계를 연구하기에는 너무 복잡했기 때문이다. 당시 많이 쓰이던 초파리만 해도 눈이 너무 많고 날개도 있어서 굉장히 복잡했다.

이런 흐름 속에서 브레너가 찾아낸 것은 단순한 해부학적 구조를 가진 예쁜꼬마선충이었다. 브레너는 예쁜꼬마선충으로 약 10년간 발생과 신경계를 연구한다. 그 결과 엄청나게 많은 돌연변이를 찾아냈으며, 1974년에 발표한 논문으로 2002년에 노벨상을 받는다.

예쁜꼬마선충 연구를 막 시작하던 1963년 10월 11일, 브레너는 한 통의 편지를 보낸다. 받는 사람은 UC버클리에 있던 도허티였다. 도허티는 예쁜꼬마선충이 유전학 소재로 쓰일 수 있다고 주장했던 바로 그 사람이다.

편지는 예쁜꼬마선충을 연구하고자 하니 예쁜꼬마선충을 좀 보내달라는 내용이었다. 그러면서 편지 후반에 도움을 청하는 문구를 덧붙인다. "나는 이 분야가 완전히 처음입니다. 그래서 궁금한 게 너무 많습니다. 물어보고 싶은 것들이 많은데 귀찮아하지 말고 도와줬으면 좋겠습니다. 그런데 수컷은 어떻게 만드나요? 자손은 자웅동체끼리 교배해서 만드는 것인가요?"

그전까지 브레너는 바이러스만 연구해왔기에 예쁜꼬마선충에 대해 잘 모를 수밖에 없었다. 당연히 궁금한 것도 많았고, 질문이나 요청 사항도 많았다. 사실 브레너가 한 마지막 질문은 현재 대학에서 예쁜꼬마선충 연구를 시작한 학부생들에게 맨 처음 가르쳐주는 내용이다. 그런데 예쁜꼬마선충의 원조 할아버지인 시드니 브레너가 연구를 시작한 초창기에는 이처럼 기본적인 것조차 몰랐다니, 새삼 놀라게 된다.

1960년대에도 우편 시스템이 꽤 좋았는지 도허티가 10월 22일에 쓴 답장이 곧 도착한다. 도허티는 예쁜꼬마선충을 보내주겠다면서 브레너의 질문에 친절히 답변해준다. 이렇게 예쁜꼬마선충은 드디어 시드니 브레너를 만난다. 그리고 생물학의 중요한 소재가 되면서 발전을 이끄는 모델생물의 자리에 오른다.

예쁜꼬마선충이 받은 세 번의 노벨상

그러고 나서 수십 년이 지났다. 그 시간 동안 예쁜꼬마선충은 모델생물로서 어떤 역할을 해왔을까? 그것을 확인할 수 있는 가장 쉬운 방법은 아마 노벨상일 것이다.

2002년 시드니 브레너와 하워드 로버트 호비츠Howard Robert Horvitz, 존 설스턴John Sulston이 노벨상을 받았다. 노벨상 위원회는 수상자를 발표하며 어떤 업적을 기리기 위해서 상을 주는지 이유를 밝히곤 한다. 2002년 노벨생리의학상을 받은 이들의 업적은 무엇이었을까? '기관의 발생과 세포사멸programmed cell death의 유전적 조절에 대한 새로운 발견'이 그들이 상을 받은 업적이었다.

사실 문구를 보면 발생학 전체를 대상으로 노벨상을 주었다고도 볼 수 있다. 그래서 당시 연구자들은 '시드니 브레너가 노벨상을 받았다'가 아니라 '예쁜꼬마선충이 드디어 노벨상을 받았다'라고 이야기했다. 그 정도로 예쁜꼬마선충이 모델생물로서 대단한 역할을 했음을 대변해주는 말이다.

세포사멸은 예쁜꼬마선충이 얼마나 좋은 모델인가를 보여주는 단적인 예다. 예쁜꼬마선충은 세포 계보^{cell lineage}가 밝혀진 유일한 동물이다. 세포 계보는 수정란에서부터 성충이 될 때까지 나타나는 모든 세포에 이름을 붙이고, 그것들이 어느 방향으로 세포분열을 하며 결국 무엇이 되는지를 끝까지 추적한 결과다. 예쁜꼬마선충의 성충에는 959개의 세포가 있다. 예외는 없고 모든 객체가 동일하게 959개의 세포를 가지고 있으며, 이는 세포 계보에서도 확인할 수 있다.

하나의 수정란이 세포분열을 거듭했다면 세포의 수는 짝수가 되어야 한다. 그런데 왜 홀수일까? 홀수가 되는 이유는 세포분열로 만들어진 세포 중에 다른 역할은 없이 오직 죽기만 하는 세포가 있기 때문이다. 이런 세포는 하나가 아니라 사실은 꽤 많이 존재하는데, 이것을 발견한 사람은 존 설스턴이다.

예쁜꼬마선충의 세포 계보는 항상 일정하다. 이것은 죽기 위해서 태어나는 세포들이 있다는 의미다. 이전까지는 세포가 죽는 이유가 '다양한 세포 내 손상이 쌓여서'라고 생각했다. 하지만 그게 아니었다. 어떤 세포들은 이미 죽기로 프로그램되어 있었던 것인데, 이것은 생명과학을 발전시키는 데 있어 정말 중요한 발견이다.

예쁜꼬마선충과 관련된 두 번째 노벨상은 2006년 앤드루 파이어와 크레이그 멜로가 받았으며, 이는 RNA 간섭 현상을 밝혀낸 결과다. 이것은 RNA가 서열이 상보적인 타깃 mRNA에 결합해 유전자 발현 억제와 분해를 유도해 유전자를 조절하는 현상을 말한다.

파이어와 멜로는 원래 RNA가 아니라 예쁜꼬마선충을 연구하는 중이었다. 그들은 특정 유전자의 기능이 정지된 돌연변이를 만들기 위해 연구를 거듭했지만 성공하지 못했다. 돌연변이가 만들어져야 유전학을 연구할 수 있는데 그러지 못한 것이다.

그들은 'RNA를 가지고 특정 유전자의 기능을 정지시킬 수는 없을까?'라는 의문을 품고 답을 찾기 위한 연구를 시작한다. 그리고 1998년 《네이처》에 「예쁜꼬마선충에서 이중가닥 RNA에 의한 강력하고 특이한 유전자 간섭」이라는 논문을 발표했다. 그 논문의 초록에는 "To our surprise"로 시작되는 문장이 있다. 그것은 연구자 스스로도 깜짝 놀랄 만한 발견이었다는 것을 의미한다.

RNA 간섭은 완전히 새로운 생명현상으로 그 파급 효과는 지금도 계속 이어지는 중이다. RNA 간섭 항암 치료제나 합성 농약을 대체할 RNA 간섭 살충제 개발 등 이를 응용한 많은 연구가 속속 결실을 맺고 있다. 만일 예쁜꼬마선충이 없었다면 이처럼 중요한 발견이 가능했을까? 예쁜꼬마선충이 없었다면 아마도 RNA 간섭 현상을 발견하는 일은 쉽지 않았을 것이다.

세 번째 노벨상은 조금 더 독특하다. 2008년 예쁜꼬마선충 연구자가 받은 상은 노벨생리의학상이 아니라 노벨화학상이다. 세 명의 수상자 중 마틴 챌피Martin Chalfie가 예쁜꼬마선충 연구자인데, 그는 예쁜꼬마선충의 신경세포를 연구하는 신경생물학자였다. 예쁜꼬마선충은 신경세포가 300개쯤 있다. 예쁜꼬마선충은 무엇인가에 부딪히면 피해갈지, 아니면 넘어갈지를 판단한다. 챌피는 부딪힌다는 그 감각이 도대체 어디에 기인하는지를 연구했고, 그러한 생명현상에 중요하게 작용하는 신경세포 몇 개를 발견했다.

연구를 진행하던 챌피는 살아 있는 개체 속에서 그 신

경 세포들만 관찰하면서 연구할 수 있다면 좋겠다는 아이디어를 떠올렸고 결국 그 방법을 찾아냈다. 그 단초를 찾은 건 함께 노벨상을 받은 두 화학자가 했던 연구에서다. 빛을 쐬어주면 형광을 내는 해파리의 단백질이 있다는 걸 어느 학회에서 우연히 듣게 된 챌피는 바로 그 유전자를 예쁜꼬마선충에 도입했다. 그리고 특정 신경세포가 녹색 형광을 내는 결과를 얻었다. 예쁜꼬마선충은 투명한 몸을 가졌기에 몸속이 훤히 들여다보였고, 그중에서 형광을 띠는 세포들만 형광현미경 아래서 초록색으로 반짝인 것이다.

그에 관한 논문이 1994년 발표된 「유전자 발현 표지로서의 녹색 형광 단백질Green Fluorescent Protein as a Marker for Gene Expression」이다. 제1 저자는 당연히 마틴 챌피다. 이 논문에는 "녹색 형광 단백질Green Fluorescent Protein의 발현은 살아 있는 생물에서 유전자 발현과 단백질 위치 추적을 가능하게 해준다."라고 아주 짧게 쓰여 있다.

그런데 녹색 형광 단백질이 유전자 발현에 좋은 표지가 된다는 내용은 언뜻 들어서는 엄청난 발견이 아닌 것처럼 보인다. 하지만 이는 노벨상을 받을 만큼 대단한 발견이었다. 현재는 많은 연구자가 유전자의 발현이 어디에서 언제 일어나는 것이지 확인할 때 이 방법을 사용한다. 그뿐 아니다. 많은 사람이 열대어 파는 가게에서 형광 물고기를 본 적이 있을 것이다. 그 열대어를 만들어내는 데 사용된 연구가 바로 이것이다. 이 정도로 이 연구 기법은 보편적으로 널리 사용되고 있다.

시드니 브레너 등을 비롯한 여러 사람의 노벨상 수상에 대해 "예쁜꼬마선충이 드디어 노벨상을 받았다."라고 했던 연구자들의 말은 그만큼 예쁜꼬마선충이 모델생물로서 생명과학에서 이룬 성취가 대단하다는 것을 의미한다. 지금도 예쁜꼬마선충을 대상으로 한 연구들이 계속되고 있다. 예쁜꼬마선충이 앞으로 또 몇 번의 노벨상을 수상하게 될지 무척이나 궁금하다.

생물학의 역사를
새로 쓴 초파리

초파리는 예쁜꼬마선충보다 훨씬 더 길고 풍부한 역사를 가진 모델생물이다. 초파리는 과실파리과에 속하며 눈이 빨간 것이 특징이다. 초파리가 생물학계에 등장한 것은 아주 오래전이다. 예쁜꼬마선충이 1960년대에 등장했는데 초파리는 그보다 훨씬 전인 1900년쯤에 생물학계에 등장했다. 초파리를 모델생물로 활용하는 연구는 주로 미국에서 이뤄졌다.

초파리가 모델생물로 등장하기 전까지만 해도 생물학은 관찰하는 생물학, 즉 박물학이 주를 이루고 있었다. 하지만 점차 연구자가 직접 조작하는 실험 생물학으로 바뀌기 시작했고, 이 상황에서 실험 대상이 되는 모델생물로 초파리를 사용하자는 흐름이 나타났다. 가장 대표적인 인물이 바로 토머스 모건Thomas Morgan이다.

현대 유전학의 아버지로 불리는 토머스 모건은 생물학 교과서에서 나올 정도로 유명한 인물이다. 그러나 사실 그는 분류학으로 박사 학위를 받았기 때문에 유전학과는 거리가 있는 사람이었다. 하지만 토머스 모건은 초파리를 통해서 지금 우리가 아는 유전학자로 굉장히 드라마틱하게 변신한다.

토머스 모건이 실험 생물학으로 전환하자마자 바로 초파리를 모델생물로 사용한 것은 아니다. 그 이전에는 꼬리가 잘리면 재생되는 도마뱀에 관심을 가졌다. 그는 꼬리 재생이 어느 부분까지는 잘 되는데, 어느 부분부터는 잘 되지 않는 이유가 무엇인지 궁금했다. 그것이 척추 손상이 일어났을 때 재생시킬 수 있는 방법을 찾는 단초가 될 수도 있다고 생각한 것이다.

정말 멋진 생각이었지만 문제는 그때가 1890년대였다는 점이다. 그의 멋진 아이디어를 실현시킬 만한 연구 방법이 별로 없었던 탓에 연구의 대부분이 실패하고 만다. 사실 당시 상황으로서는 당연한 결과다.

그때는 찰스 다윈이 자연선택설을 기반으로 한 진화론을 열심히 퍼뜨리고 있었으며, 멘델이 유전 법칙을 이제 막 발견하던 시점이었다. 그 때문에 자연선택설과 용불용설 중 어느 쪽이 맞나, 돌연변이는 있나 없나 등 아주 초보적인 생물학 논란이 벌어지는 상황이었다. 이런 혼란 속에서도 토머스 모건은 연구를 이어간다.

초파리를 만난 이후로도 모건은 재미있는 실험을 계속해나갔다. 그는 찰스 다윈의 자연선택설이 아니라 라마르크Lamarck의 용불용설을 믿었다. 다시 말해 어떤 기관을 계속 사용하면 다음 세대로 전달되고 더 이상 사용하지 않으면 도태된다고 생각한 것이다.

그래서 그는 초파리의 눈이라는 기관을 대상으로 연구한다. 초파리를 캄캄한 박스에 넣고 한 번도 빛을 쪼이지 않도록 해 약 50세대가 이어지도록 했다. 한 세대의 생명주기가 15일 정도 되므로 50세대면 꽤 긴 시간이다. 그 후 초파리의 눈이 작아졌는지 확인했다. 결과는 어땠을까? 당연히 작아지지 않았다. 실험은 또 실패였다. 그러나 그는 새로운 호기심을 갖고 다시 실험을 시작한다.

모건이 다음으로 주목한 것은 휴고 드 브리스^{Hugo de Vries}의 돌연변이기 가설이다. 이 가설의 핵심은 지구상에 '돌연변이기'가 있었고 그때 종의 다양성이 일어났다는 것이다. 그는 이 가설을 실험적으로 재현해보기로 한다. 아주 춥거나 아주 더운 환경을 만드는데, 초파리가 죽지는 않아야 하므로 그 중간 어딘가쯤에서 나름대로 극단적인 환경을 만들어서 초파리를 계속 키운다. 하지만 역시나 돌연변이가 생기지 않았다. 이번에도 실패였다.

사실 그의 실험이 진행된 그 짧은 시간 동안 결코 종의 다양성이 일어날 수 없다는 것을 오늘날 우리는 모두 알고 있다. 지구가 오랜 시간 동안 겪어온 그 엄청난 변화가 짧은 시간 동안 실험실에서 일어난다는 것은 절대 불가능한 일이기 때문이다.

하얀색 눈을 가진 초파리와의 역사적 만남

지금 관점에서 보자면 정말 말도 안 되는 연구들이었다. 연이은 실패로 토머스 모건은 크게 좌절했고 심지어 '이제 연구를 그만해야겠다'고 마음먹는다. 하지만 놀랍게도 연구를 포기하려던 그때 극적인 일이 벌어진다.

모건이 우연히 하얀색 눈을 가진 초파리 한 마리를 발견한 것이다. 게다가 그 하얀색 눈을 가진 초파리는 공교롭게도 수컷이었다. 이 수컷 초파리는 생물학에 완전히 새로운 장을 열게 된다.

하얀색 눈을 가진 수컷 초파리는 혼자서 자손을 만들지 못하기 때문에 암컷과 교배를 해야 한다. 그런데 이 세상에 존재하는 암컷 초파리는 모두 빨간색 눈을 가졌다. 빨간색 눈의 암컷과 하얀색 눈의 수컷 초파리를 교배시킨 결과 첫 세대는 모두 빨간색 눈을 가지고 태어났다. 이것은 멘델의 '우열의 법칙'에 따른 결과다. 이로써 빨간색 눈이 우성형질이고, 하얀색 눈이 열성형질임을 알게 되었다.

모건은 곧 첫 세대끼리 교배시키는 다음 실험을 이어갔다. 그 결과 빨간색 눈의 암컷과 수컷이 나왔고, 하얀색 눈을 가진 수컷도 나왔다. 그 수를 확인해보니 빨간색 눈의 암컷이 2459마리, 빨간색 눈의 수컷이 1011마리, 하얀색 눈의 수컷이 782마리였다. 빨간색 눈과 하얀색 눈의 비율이 3 대 1을 크게 벗어나지 않은 것이 확인되면서 멘델의 '분리의 법칙'이 증명되었다.

그런데 실험을 이어가다 보니 하얀색 눈을 가진 암컷이

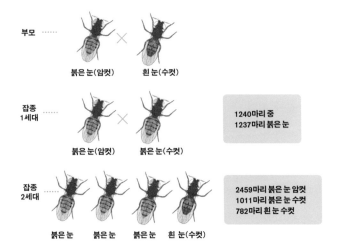

부모 ······

붉은 눈(암컷)　　흰 눈(수컷)

잡종
1세대 ······

붉은 눈(암컷)　　붉은 눈(수컷)

1240마리 중
1237마리 붉은 눈

잡종
2세대 ······

붉은 눈　붉은 눈　붉은 눈　흰 눈(수컷)

2459마리 붉은 눈 암컷
1011마리 붉은 눈 수컷
782마리 흰 눈 수컷

모건의 초파리 실험

등장하기 시작했다. 이 암컷은 첫 세대의 빨간색 눈을 가진 암컷과 하얀색 눈의 수컷을 교배시킨 결과였다. 이때 빨간색 눈과 하얀색 눈의 비율이 거의 1 대 1로 나타났다. 즉 빨간색 눈의 암컷, 하얀색 눈의 암컷, 빨간색 눈의 수컷, 하얀색 눈의 수컷이 모두 동일한 비율로 나타난 것이다.

이런 실험 결과를 바탕으로 모건은 새로운 가설을 세운다. 하얀색 눈이 한쪽의 성에만, 즉 수컷에만 나타나는 게 아니고 성을 결정하는 염색체에 의해 나타나는 현상이라는 가설이다. 이 가설은 눈의 색을 결정하는 유전자가 X염색체에 있어야 한다는 의미였다. 모건의 초기 논문은 이러한 실험 결과와 가설을 모두 담고 있다. 그는 이 가설을 바탕으로 실험을 다시 진행한다. 그랬더니 모든 것이 딱 맞아떨어졌다.

토머스 모건은 그 연구 결과를 1910년 《사이언스》에 논문으로 발표했는데, 논문의 제목은 「초파리의 성에 제한적으로 작동하는 유전Sex limited inheritance in Drosophila」이었다.

그렇다면 모건의 실험과 가설은 왜 중요한 걸까? 그전까지 염색체와 유전자는 개별적인 것으로 인식되어왔다. 염색체는 염색체고 유전자는 유전자일 뿐이었다. 그런데 모건의 의해 염색체가 곧 유전자임이 증명된 것이다. 토머스 모건은 이 연구로 1933년 노벨상을 받았으며, 수상 이유는 '유전 현상에서 염색체의 역할 규명'이었다.

유전자가 아무 데나 흩어져 있는 구슬 같은 존재가 아니라 염색체에 있다는 사실은 하얀색 눈을 만드는 유전자가 X염색체에 있었기 때문에 알 수 있게 된 사실이다. 만약 모건이 발견한 하얀색 눈의 초파리가 암컷이었다면 이 같은 발견은 불가능했을 터다. 우연히 찾아낸 하얀색 눈의 수컷 초파리가 유전학의 필연적인 발전으로 이어진 셈이다.

최고의 모델생물 초파리가 거둔 성과들

나에게는 예쁜꼬마선충이 최고의 모델생물이다. 하지만
객관적으로 본다면 모델생물의 최고봉은 역시 초파리다.
이는 노벨상으로도 증명된 사실이다.

　1933년에 모건이 초파리 실험으로 염색체의 역할을 규
명하며 노벨상을 받은 것은 시작에 불과했다. 1946년 허먼
멀러Hermann Muller가 X선에 의한 돌연변이 발생을 발견해 노
벨상을 받는다. 이 발견 덕분에 연구자들은 새로운 돌연변
이를 많이 찾아낼 수 있었고, 그것은 유전학의 발전에 엄청
난 기여를 한다.

　1995년에는 초기 배아 분화를 조절하는 유전자 무리인
호메오 박스homeo box를 발견한 공로로 크리스티아네 뉘슬라
인폴하르트Christiane Nüsslein-Volhard가 노벨생리의학상을 수상했
다. 그는 초파리를 사용해 엄청나게 많은 돌연변이를 만들
어낸 뒤 이를 연구했고 이 새로운 유전자를 찾았다. 그런데
이 유전자는 인간에게도 그대로 보존되어 있다. 무척추동
물인 초파리에 보존되어 있는 조절 유전자가 척추동물에

서 무더기로 발견된 것이다.

2004년에는 냄새 수용체와 후각 시스템 구조에 대한 발견으로, 2011년에는 면역체계 활성화를 위한 핵심 원칙 발견으로, 2017년에는 생체 시계를 통제하는 분자 메커니즘 발견으로 노벨상을 수상했다. 이 모든 노벨상 수상이 초파리라는 모델생물을 가지고 연구한 결과였다. 이러한 결과만 놓고 보더라도 지금까지는 초파리가 모델생물의 최고봉이라는 것을 인정할 수밖에 없다.

유전자 적중으로
새롭게 태어난 생쥐

척추를 가진 모델생물 제브라피시

1995년 노벨생리의학상을 받은 세 사람 중 한 명인 크리스티아네 뉘슬라인폴하르트는 새로운 모델생물을 만든 연구자이기도 하다. 그는 초파리를 모델생물로 열심히 연구하면서도 가끔은 아쉬운 마음이 들었다. 인간을 온전히 이해하려면 먼저 척추동물을 연구해 그 발생을 이해해야 한다는 생각 때문이었다. 무척추동물인 초파리로는 분명한 한계가 있다고 생각한 것이다.

　뉘슬라인폴하르트는 노벨상을 받을 만한 연구를 완성한 후에 과감히 초파리를 버린다. 대신 제브라피시를 모델생물로 연구를 시작한다. 그리고 제브라피시 연구를 시작한 이후 10년 동안의 결과를 학술지 《development(발생)》 1996년 12월 호에 한꺼번에 발표한다. 학술지 전체가 제브라피시에 대한 논문으로 채워졌는데 그 수가 무려 37편이나 됐다. 그중 절반이 뉘슬라인폴하르트의 것이고, 나머지 절반은 그의 제자들 것이었다.

그와 제자들은 논문을 통해 유전자 400개, 돌연변이 1500개를 보고한다. 이 연구 결과는 척추동물 발생의 모델생물로서 제브라피시를 생물학계에 데뷔시킴과 동시에 최고의 모델생물로 만들었다. 그로부터 20년을 훌쩍 넘긴 현재 제브라피시 연구는 어디까지 진행되었을까?

몇 가지만 검색해서 찾아봐도 엄청난 발전을 했다는 걸 알 수 있다. 예를 들면 동료 물고기의 감정 전파와 공감 능력에 대한 연구, 미세플라스틱의 체내 축적 연구 등도 제브라피시 모델에서 많이 연구되는 주제다. 또한 심장 재생에 대한 연구도 활발히 진행되고 있다. 이런 연구 결과가 인간의 건강에 기여할 날이 하루빨리 오기를 기대해본다.

유전자 적중과 배아줄기세포 기술로 모델생물이 된 생쥐

제브라피시 역시 인간을 온전히 이해하는 데는 분명한 한계를 갖고 있다. 제브라피시는 척추동물이지만 포유류가 아니기 때문이다. 그래서 등장한 것이 바로 생쥐다. 오늘날 포유류의 생명현상을 연구하기 위해 사용되는 가장 대표적인 모델생물은 생쥐다.

사실 생쥐가 처음으로 모델생물 후보에 오르게 된 것은 1940년대였다. 당시는 허먼 멀러가 X선으로 초파리의 돌연변이를 유발할 수 있다는 연구로 노벨상을 수상하기도 했고, 제2차 세계대전을 종식시킨 원자 폭탄으로 인해 많은 사람이 죽기도 했으며, 원자 폭탄의 방사선 영향으로 기형아 출산 등 돌연변이가 보고되기도 했던 무렵이다.

그때 이미 생쥐를 모델생물로 연구하려는 시도가 있었다. 생쥐에 X선을 쬐어 돌연변이를 만들고 그 유전자를 연구하겠다며 엄청나게 큰 시설을 만들기도 했다. 하지만 이런 연구들은 모두 실패하고 말았다. 생쥐는 지금도 그렇지만 그 당시로서는 정말 너무 복잡한 동물이었기 때문이다. 즉 당시 연구 수준이나 기술로는 생쥐라는 모델생물을 감당할 수 없었다는 뜻이다. 결국 생쥐보다 단순한 예쁜꼬마선충, 초파리 등이 모델생물로 자리 잡게 된다.

하지만 유전학이 발전을 거듭할수록 포유류인 생쥐의

모델생물로서 필요성은 더욱 커져만 갔다. 절대 생쥐를 포기할 수 없었다. 생쥐를 유전학적으로 연구해야 했고, 그러면 그 유전자를 건드릴 수 있는 방법을 찾아야 했다. 그리고 마침내 생쥐의 특정한 유전자를 바꿔치기할 수 있는 기술을 찾아냈다. 배아줄기세포를 이용해 특정 유전자를 생쥐에 주입하는 것이다.

마리오 카페키Mario Capecchi, 마틴 에번스Martin J. Evans, 올리버 스미시스Oliver Smithies는 이 발견으로 2007년 노벨생리의학상을 받는다. 카페키와 스미시스는 유전자를 마음대로 조작하는 '유전자 적중Gene targeting' 기술을 이용해 '유전자 적중 생쥐'를 만들었고, 에번스는 배아줄기세포로 이 기술을 한 단계 발전시켰다.

유전자 적중 생쥐를 만드는 법

유전자 적중 생쥐를 만드는 것은 사실 매우 복잡한 연구다. 하지만 간추려보자면 크게 두 단계로 정리할 수 있다.

첫 번째는 특정 유전자를 가짜 유전자로 바꿔치기해서 특정 유전자가 없는 배아줄기세포를 키워내는 것이다. 일단 생쥐에게서 꺼낸 배아줄기세포를 실험실에서 많은 수

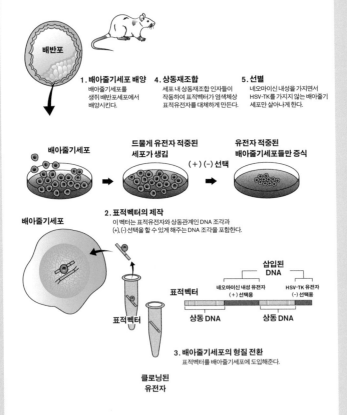

배반포

1. 배아줄기세포 배양
배아줄기세포를
생쥐 배반포세포에서
배양시킨다.

4. 상동재조합
세포 내 상동재조합 인자들이
작동하여 표적벡터가 염색체상
표적유전자를 대체하게 만든다.

5. 선별
네오마이신 내성을 가지면서
HSV-TK를 가지지 않는 배아줄기
세포만 살아나게 한다.

배아줄기세포

**드물게 유전자 적중된
세포가 생김**

**유전자 적중된
배아줄기세포들만 증식**

(+) (-) 선택

배아줄기세포

2. 표적벡터의 제작
이 벡터는 표적유전자와 상동관계인 DNA 조각과
(+), (-) 선택을 할 수 있게 해주는 DNA 조각을 포함한다.

**삽입된
DNA**

네오마이신 내성 유전자
(+) 선택용

HSV-TK 유전자
(-) 선택용

표적벡터

상동 DNA

상동 DNA

표적벡터

3. 배아줄기세포의 형질 전환
표적벡터를 배아줄기세포에 도입해준다.

**클로닝된
유전자**

유전자 적중 생쥐를 만드는 과정-1단계
: 배아줄기세포에서 유전자 적중

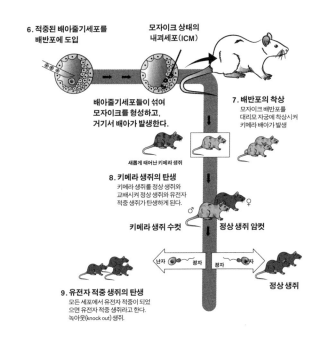

6. 적중된 배아줄기세포를 배반포에 도입

모자이크 상태의 내괴세포(ICM)

배아줄기세포들이 섞여 모자이크를 형성하고, 거기서 배아가 발생한다.

7. 배반포의 착상
모자이크 배반포를 대리모 자궁에 착상시켜 키메라 배아가 발생

새롭게 태어난 키메라 생쥐

8. 키메라 생쥐의 탄생
키메라 생쥐를 정상 생쥐와 교배시켜 정상 생쥐와 유전자 적중 생쥐가 탄생하게 된다.

키메라 생쥐 수컷 ♂   ♀ 정상 생쥐 암컷

난자   정자   정자   난자

정상 생쥐

9. 유전자 적중 생쥐의 탄생
모든 세포에서 유전자 적중이 되었으면 유전자 적중 생쥐라고 한다. 녹아웃(knock out) 생쥐.

유전자 적중 생쥐를 만드는 과정-2단계
: 유전자 적중된 배아줄기세포에서 유전자 적중 생쥐로

로 키워낸다. 배아줄기세포는 개체의 모든 것을 만들 수 있는 세포다. 그리고 전기 충격을 가해 배아줄기세포들의 특정 유전자를 가짜 유전자로 바꾼다.

물론 가짜 유전자 바꾸기가 모든 배아줄기세포에서 성공하는 것은 아니다. 따라서 가짜 유전자로 바뀌지 않은 배아줄기세포를 없애는 과정이 필요하다. 어떻게 해야 그것이 가능할까? 가짜 유전자로 바뀌지 않으면 죽도록 애초에 조작하는 것이다. 그렇게 특정한 유전자가 없는 배아줄기세포를 만들어낸다.

두 번째 단계는 특정한 유전자가 없는 생쥐를 만들어내는 것이다. 먼저 특정 유전자가 없는 배아줄기세포를 다른 포배체 안에 이식해 넣고 그 포배체를 암컷 생쥐의 자궁에 착상시켜 키메라 생쥐를 만들어낸다. 키메라 생쥐는 특정 유전자가 있는 세포와 특정 유전자가 없는 세포가 뒤섞인 개체다. 다시 키메라 생쥐끼리 교배시키면 그 자손 중에 특정 유전자가 없는 생쥐가 태어난다.

유전학에서는 A 유전자가 없어졌을 때 B라는 생명현상이 바뀌면 'A 유전자는 B라는 생명현상에 중요한 유전자다'라는 결론을 내린다. 유전자 적중 생쥐도 똑같은 원리가 적용된다. 특정 유전자가 없는 생쥐를 만들어 그 유전형질을 관찰해 그 기전을 연구하는 것이다.

유전자 가위로 다양한 모델생물의 가능성을 열다

최근에는 특정 유전자를 다른 유전자로 바꾸는 일이 훨씬 더 쉽게 이루어진다. 유전자 가위를 이용할 수 있기 때문이다. 유전자 가위는 원래 바이러스 침투를 막기 위해 세균이 가지고 있던 방어 수단이다. 바이러스가 들어오면 세균은 유전자 가위로 그 바이러스를 잘라내 스스로를 지킨다. 말하자면 면역과도 같은 원리다. 유전학에서는 원하는 유전자를 조작하는 데 유전자 가위를 사용한다.

유전자 적중 기술에서는 배아줄기세포의 특정 유전자를 가짜 유전자로 바꾸기 위해 전기 충격을 가하는 과정과 가짜 유전자로 바뀌지 않은 세포를 죽이는 과정이 모두 필요하다. 하지만 유전자 가위를 사용할 경우에는 특정 유전자를 잘라내고 가짜 유전자를 집어넣기만 하면 된다. 훨씬 단순하고 편한 과정이다. 이렇게 유전자 가위를 이용하면 배아줄기세포의 특정 유전자를 없애거나 새로운 유전자를 집어넣어 새로운 유전형질을 가진 생쥐를 보다 쉽게 만들어낼 수 있다.

모델생물이 되려면 다양한 생물학적인 연구 기법이 있어야 한다는 조건이 있다. 그리고 그 연구 기법 중 제일 중요한 것은 돌연변이를 만드는 기법이다. 사실 생쥐가 모델생물이 될 수 있었던 것은 유전자 적중 생쥐 연구 덕분에 생쥐의 유전자를 바꿔 돌연변이를 만들 수 있는 길이 열렸기 때문이다. 그리고 그 길이 더 많은 동물에게 열리게 된 것은 유전자 가위 덕분이다.

이로써 기존의 모델생물이 아닌 좀 더 새롭고 다양한 동물을 활용한 실험이 가능해졌다. 대표적으로 언급되는 것이 오징어, 꿀벌, 나비 등이다. 물론 이 동물들은 실험실에서 빨리 키울 수도 없고 싸게 키울 수도 없다. 하지만 유전자 가위로 유전자를 조작해 쉽게 돌연변이를 만들 수 있다. 나아가 유전체를 알고 있다면 어떤 동물이든 모델생물이될 수 있다. 이른바 비#모델생물의 약진이 시작된 것이다. 유전학을 연구하는 데 유전자 가위를 잘 활용하면 꿀벌은 물론 다양한 동물들을 대상으로 특정한 유전자의 기능을 연구할 수 있다는 의미이기도 하다. 실로 엄청난 변화다.

물론 현재 유전자 가위는 주로 암이나 다양한 신경질환

등을 치료하기 위한 연구에 주로 응용되고 있다. 반면 새로운 생물학적인 발견을 위해 소나 돼지 등 비모델생물을 연구하는 데는 아직 많이 쓰이고 있지 않다. 그러나 미래에 어떤 일이 벌어질지는 알 수 없다. 비모델생물을 대상으로 유전자 가위를 활용한 연구가 보다 활발히 이루어져 멋진 성과를 얻게 될 날이 곧 다가올지도 모른다.

비모델생물의 약진은 어디까지 이루어

질까?

모델생물이 될 수 있는 자격을 되새겨보면 다음과
같다. 실험실에서 대량으로 빠른 시간 안에 배양
할 수 있어야 하고, 돌연변이 제작·유전체·단백
체·전사체·대사체 등의 연구를 위한 다양한 생물
학적 기술들을 적용할 수 있어야 한다. 또한 반복
적으로 동일한 조건에서 실험할 수 있어야 한다.
전통적 의미의 모델생물 중 대표적인 것으로 초파
리, 예쁜꼬마선충, 제브라피시, 생쥐 등을 들 수

있다. '비모델생물'은 이러한 모델생물 이외의 생물을 의미한다. 그런데 최근 들어 다양한 연구 기법이 개발되면서 모델생물과 비모델생물의 경계가 허물어지고 있다.

예를 들면 비모델생물에서 돌연변이를 만드는 일은 유전자 가위의 개발로 가능한 일이 되었고, 단일 세포 수준에서의 오믹스 연구는 수많은 개체가 없더라도 통계적으로 유의미한 수준의 연구 결과를 도출할 수 있게 했다. 그런 발전에 힘입어 그간 다양한 비모델생물들이 약진해왔다. 극적인 예를 들자면 본문에서 언급했던 나비를 들 수 있다. 나비 유전자를 유전자 가위로 변형해 그 발생의 이상을 조사함으로써 유전자의 새로운 기능을 찾을 수 있었다.

비모델생물의 약진이 계속된다면 그 끝은 결국 사람이 될 것이다. 아마도 개별적인 사람 한 명 한 명이 최종적인 목표가 될 것이다. 환자 한 사람을 놓고 보자면 감당해야 할 비용의 문제가 여전히 남아 있다. 하지만 기술의 발전이 상상을 초월하

고 있으니 머지않은 미래에 그 끝을 볼 수 있으리
라 기대한다.

영화 〈X맨〉에 나오는 돌연변이의 등장
이 실제로 가능할까?

상식적인 이유를 근거로 살펴보면 X맨에 등장하
는 돌연변이 개체들의 등장은 거의 불가능하다는
쪽으로 기운다.

그런데 '거의 불가능'이라는 데 주목할 필요가
있다. 거의 불가능하다는 건 아주 드물게는 일어
날 수도 있다는 이야기다. 우리는 결정적인 발생
인자가 있어서 그 인자의 존재 여부가 특정 형질
의 여부를 결정할 수도 있음을 여러 가지 사례를
통해 확인했다. 따라서 X맨에 등장하는 돌연변이
개체들의 형질 중 기존에 어딘가에서 본 적이 있
는 형질이라면, 단 하나의 돌연변이가 등장하는
것이 가능할 수 있을지도 모른다. 충분히 많은 개

체에서 반복해 시도해볼 수 있다면 가능성 0은 아니라고 할 수 있다. 다만 전혀 새로운 상상의 형질이라면 현실적으로는 여전히 거의 불가능하다고 답을 하는 것이 적절하다.

3부_____

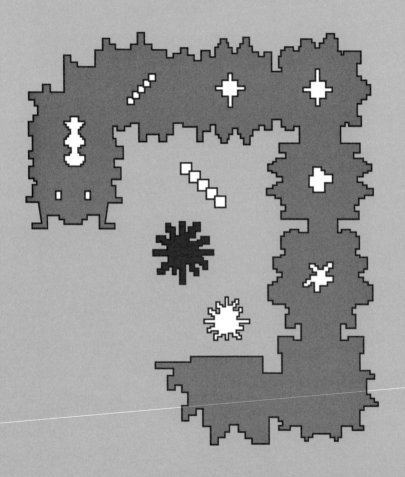

이 경

토 이

록 로

운

생명
현상의 법칙

지구상에 존재하는 생명체의 탄생과 죽음 사이에는 경이로운 생명현상이 가득하다. 특히 하나의 수정란이 수많은 세포로 이뤄진 복잡한 개체가 되는 발생의 과정은 더욱 그렇다. 20세기 들어 모델생물을 이용한 연구를 통해 발생학은 차별적인 유전자의 발현, 세포사멸 등 생명현상의 기전을 밝히고 발생의 시계를 거꾸로 되돌리는 데까지 이르렀다. 그렇다면 21세기 발생학은 어디까지 나아가게 될까?

모든 생명은 하나의
세포에서 시작된다

지구의 모든 동물은 태어나고 죽는다

지구상에 있는 모든 동물의 공통점은 무엇일까? 몇몇 동물들이 갖는 부분적인 공통점은 꽤 많이 찾을 수 있지만, 모든 동물이 예외 없이 갖고 있는 공통점은 그리 많지 않다. 가장 쉽게 떠오르는 건 모든 동물은 태어나고 또 죽는다는 사실이다.

동물이 태어날 때, 엄밀히 이야기하자면 생명이 시작될 때를 생각해보자. 모든 동물은 단 하나의 세포에서 시작된다. 사실 다섯 개의 세포가 모여서 하나의 개체를 이룬다고 해도 크게 이상하지 않을 수 있다. 하지만 실제 지구상에서 진화한 동물은 모두 정자와 난자가 만나서 하나의 세포를 만들고, 그 세포, 즉 수정란에서 모든 것이 만들어지는 과정을 거친다. 여기서 가장 근원적인 질문이 등장한다.

모든 동물은 수정란 하나에서 출발한다. 그런데 어떤 수정란은 닭이 되고 어떤 수정란은 토끼가 되고 어떤 수정란은 인간이 된다. 비슷한 모양을 가진 수정란들이 각각 다른 동물로 만들어지는 것이다. 이러한 생명현상은 수정란이라는 하나의 세포에 각각의 동물이 만들어지는 데 필요한 모든 정보가 들어 있다는 의미다. 게다가 하나의 수정란에서 하나의 개체가 만들어지고, 태어났을 때 다양한 기능을 하는 무수히 많은 세포가 각각의 개체를 구성하고 있음을 확인할 수 있다.

'어떻게 단 하나의 세포에서 이렇게 다양한 세포를 가진 복잡한 개체가 만들어질 수 있을까?' 이 근원적인 질문이 생명과학에서 아주 중요한 분야를 만들어냈다. 다름 아닌 '발생학'이다.

나는 내 전공 분야를 유전학이라고 이야기할 때도 있고 발생학이라고 이야기할 때도 있다. 발생학은 발생의 문제를 푸는 학문이고, 유전학은 유전이라는 현상을 이용해서 다양한 생명현상을 풀어가는 학문이다. 나는 발생의 문제

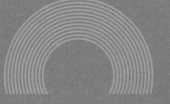

사유의 새로운 지평

Philos 시리즈

인문·사회·과학 분야 석학의 문제의식을 담아낸 역작들
앎과 지혜를 사랑하는 사람들을 위한 우리 시대의 지적 유산

arte

Philos 001–003
경이로운 철학의 역사 1–3
움베르토 에코·리카르도 페드리가 편저 | 윤병언 옮김

문화사로 엮은 철학적 사유의 계보

움베르토 에코가 기획 편저한 서양 지성사 프로젝트
당대의 문화를 통해 '철학의 길'을 잇는 인문학 대장정

165×240mm | 각 904쪽, 896쪽, 1,096쪽 | 각 98,000원

Philos 004
신화의 힘
조셉 캠벨·빌 모이어스 지음 | 이윤기 옮김

왜 신화를 읽어야 하는가

우리 시대 최고의 신화 해설자 조셉 캠벨과
인터뷰 전문 기자 빌 모이어스의 지적 대담

163×223mm | 416쪽 | 32,000원

Philos 005
장인: 현대문명이 잃어버린 생각하는 손
리처드 세넷 지음 | 김홍식 옮김

"만드는 일이 곧 생각의 과정이다"

그리스의 도공부터 디지털 시대 리눅스 프로그래머까지
세계적 석학 리처드 세넷의 '신(新) 장인론'

152×225mm | 496쪽 | 32,000원

Philos 006
레오나르도 다빈치:
인간 역사의 가장 위대한 상상력과 창의력
월터 아이작슨 지음 | 신봉아 옮김

"다빈치는 스티브 잡스의 심장이었다!"

7,200페이지 다빈치 노트에 담긴 창의력 비밀
혁신가들의 영원한 교과서, 다빈치의 상상력을 파헤치다

160×230mm | 720쪽 | 68,000원

Philos 007
제프리 삭스 지리 기술 제도:
7번의 세계화로 본 인류의 미래
제프리 삭스 지음 | 이종인 옮김

지리, 기술, 제도로 예측하는 연결된 미래

문명 탄생 이전부터 교류해 온 인류의 70,000년 역사를 통해
상식을 뒤바꾸는 협력의 시대를 구상하다

152×223mm | 400쪽 | 38,000원

Philos 018

느낌의 발견: 의식을 만들어 내는 몸과 정서

안토니오 다마지오 지음 | 고현석 옮김 | 박한선 감수·해제

느낌과 정서에서 찾는 의식과 자아의 기원

'다마지오 3부작' 중 두 번째 책이자 느낌–의식 연구에
혁명적 진보를 가져온 뇌과학의 고전

135*218mm | 544쪽 | 38,000원

Philos 019

현대사상 입문: 데리다, 들뢰즈, 푸코에서 메이야수, 하먼, 라뤼엘까지 인생을 바꾸는 철학

지바 마사야 지음 | 김상운 옮김

인생의 '다양성'을 지키기 위한 현대사상의 진수

이해하기 쉽고, 삶에 적용할 수 있으며,
무엇보다도 마음을 위로하고 격려하는 궁극의 철학 입문서

132*204mm | 264쪽 | 24,000원

Philos 020

자유시장: 키케로에서 프리드먼까지, 세계를 지배한 2000년 경제사상사

제이컵 솔 지음 | 홍기빈 옮김

당신이 몰랐던, 자유시장과 국부론의
새로운 기원과 미래

'애덤 스미스 신화'에 대한 파격적인 재해석

132*204mm | 440쪽 | 34,000원

Philos 021

지식의 기초: 수와 인류의 3000년 과학철학사

데이비드 니런버그·리카도 L. 니런버그 지음 | 이승희 옮김 | 김민형 추천·해제

서양 사상의 초석, 수의 철학사를 탐구하다

'셀 수 없는' 세계와 '셀 수 있는' 세계의 두 문화,
인문학, 자연과학을 넘나드는 심오하고 매혹적인 삶의 지식사

132*204mm | 626쪽 | 38,000원

Philos 022

센티언스: 의식의 발명

니컬러스 험프리 지음 | 박한선 옮김

따뜻한 피를 가진 것만이 지각한다

지각 동물, '센티언트(Sentients)'의 기원을 찾아가는
치밀하고 대담한 탐구 여정

135*218mm | 340쪽 | 30,000원

를 유전학적으로 푸는 연구를 하기 때문에 이렇게 이야기한다.

발생학이 흥미로워지는 순간

발생학 연구자는 발생의 과정을 어떻게 연구할까? 발생학, 생물학이라고 하면 외울 게 너무 많고 재미없는 학문이라고 생각하는 경향이 강하다. 하지만 하나의 질문에서 또 다른 질문이 파생되고, 그렇게 질문이 꼬리를 물고 이어지는 과정을 제대로 경험하면 정말 흥미로운 학문이라는 것을 알 수 있다. 여기서는 그 과정을 상식적인 수준으로 매우 단순화시켜 이야기해보려 한다.

발생의 과정, 그 시작과 끝을 상식적으로 생각해보자. 모든 것은 단 하나의 세포, 즉 수정란에서 시작한다. 수정란 속에는 모든 정보가 들어 있고 그 끝에는 다양한 기능을 하는 수많은 세포로 이루어진 동물이 있다. 각 동물마다 세포의 수는 정해져 있는데, 이는 유전자에 프로그램되어 있는 결과다. 아주 단순한 것에서 출발해 매우 복잡한 것으로 가는 과정이 발생의 과정이다. 그리고 그 과정에서 무슨 일이 일어나는지, 즉 그 기전을 찾는 것이 발생학이다.

발생 과정의 첫 번째는 수정란 한 개가 세포의 수를 늘리는 것이다. 따라서 빠른 세포분열이 중요한 목표가 된다. 그런데 숫자를 늘리기만 한다고 되는 것이 아니라, 서로 다른 기능을 하는 세포로 만들어야 한다. 다시 말해 세포 기능을 다양화해야 한다. 이것이 발생 과정의 두 번째다. 이뿐만이 아니다. 다양화된 세포들은 서로의 존재를 알아야 하는 동시에 때로는 협력하고 때로는 견제해야 한다. 이처럼 발생 과정은 수많은 세포가 조화를 이루어서 차근차근 진행된다.

이렇게 단순화한 과정을 이해한 뒤 다양한 동물의 발생 과정을 들여다보면 모든 세포가 정확히 각자의 목표를 달성함으로써 동물이라는 개체가 만들어진다는 것을 확인할 수 있다. 물론 발생 과정을 구성하는 기전은 조금씩 다르다. 동물마다 개별적인 연구가 필요한 것도 그런 이유에서다.

여전히 의문투성이인 발생의 과정

대학에서 사용하는 대부분의 생물학 교재에 반드시 수록되는 그림이 하나 있다. 바로 배아의 발생을 보여주는 그림이다. 수정란에서 시작하여 화살표가 시계 방향으로 돌아가는 모양인데, 여기에 발생의 두 과정이 모두 들어 있다.

수정란의 전 단계는 정자와 난자가 만나는 수정이고, 수정란의 다음 단계는 난할이다. 난할은 말 그대로 수정란을 쪼개는 것으로, 발생의 첫 번째 과정이다. 수정란의 크기는 일반적인 세포보다 큰 편이다. 그 수정란을 쪼개는 난할이 계속되면 결과적으로 세포의 수는 점점 늘어나고 크기는 점점 작아진다. 난할은 아주 빠르게 일어나는데, 난할의 목표는 세포 수를 늘리는 것이다.

발생의 두 번째 과정은 낭배 형성이다. 세포들이 서서히

배아의 발생

움직이며 대강 모양을 갖추기 시작한다. 예를 들어 개구리라면 먼저 올챙이가 만들어져야 한다. 그러면 올챙이를 만들기 위해서 올챙이 외부를 구성하는 세포들, 중간을 구성하는 세포들, 제일 안쪽을 구성하는 세포들이 각자 자리를 잡는다. 같은 기관을 만든 세포들이 같은 주머니를 만든다고 생각하면 된다.

난할과 낭배 형성의 단계를 지나고 나면 그다음 과정으로 나아간다. 심장, 콩팥, 근육 등등 서로 다른 기관이 만들어지는 과정이다. 이 과정이 바로 기관 형성이다. 기관 형성 역시 세포들이 서로 교통하고 견제하고 협력하는 과정이 필요하다.

현재 우리가 이해하고 있는 것은 발생의 과정 중 극히 일부분일 뿐이다. 우리는 여전히 발생의 많은 부분을 이해하지 못하고 있다. 그만큼 발생학에는 탐구할 영역이 많이 남아 있다.

유전자는 차별적이다

하나의 수정란에서 수조 개의 세포로

수정란은 하나의 개체를 온전하게 만들어낼 수 있는 모든 정보를 갖고 있다. 이것은 모두가 인정하는 사실이다. 왜냐하면 모든 동물이 수정란 하나에서 출발해 각각의 개체로 만들어진다는 것은 부인할 수 없기 때문이다. 이 사실을 인정하는 순간 바로 질문이 떠오른다. '어떻게 하나의 수정란에서 서로 다른 세포들이 만들어지는가?' 바로 이것이 발생학을 만들어낸 질문이자 발생학 연구에 있어서 가장 중요한 질문이다. 그리고 그 질문의 답을 찾는 과정이 세밀하게 나뉘면서 발생학의 여러 분야가 생겨났다.

이 질문의 답을 찾으려면 두 가지 가능성을 생각해봐야

한다. 첫 번째는 수정란이 모든 정보를 가지고 있고, 분열로 만들어지는 모든 세포에게 서로 다른 정보를 나누어준다는 가능성이다. 좀 더 자세히 설명하자면 수정란이 1부터 100까지의 정보를 가지고 있다가 새로 만들어지는 세포 100개에게 서로 다른 정보를 하나씩 나누어준다는 의미다. 두 번째는 수정란이 자신과 똑같은 정보를 가진 세포들을 만들어낸다는 가능성이다. 그런데 그 세포들은 자신이 가진 정보를 모두 활용하지 않고 필요한 정보만 활용한다. 이때 서로 다른 정보를 선택하는 것이 중요하다.

만약 첫 번째 가능성이 옳다면 수정란에서 만들어진 모든 세포는 가지고 있는 정보 자체가 달라야 한다. 그리고 만약 두 번째 가능성이 옳다면 수정란이나 그 수정란에서 만들어진 많은 세포가 같은 정보를 가지고 있어야 한다. 이두 가지 가능성 중 어떤 것이 진실인지를 찾아내는 연구는 굉장히 중요하다. 그래야 다음 단계의 질문에 대한 답도 찾을 수 있기 때문이다.

개구리로 파헤친 발생의 비밀

실제로 매우 많은 연구자가 이 질문에 대한 답을 찾기 위해 연구를 진행했다. 그들이 찾아낸 답은 두 번째 가능성이 진실이라는 것이다. 과연 어떤 실험을 통해 이 같은 결론에 도달한 것일까? 그 진실은 아주 전형적이고 전통적인 실험 방법, 즉 체세포 핵 치환 실험에 의해 증명되었다.

실험 대상은 양서류인 아프리카산 발톱개구리xenopus laevis 였다. 먼저 개구리의 난자를 꺼낸다. 그리고 그 난자 속에서 절반의 유전정보가 들어 있는 핵을 찾아 제거한다. 이렇게 핵이 제거된 난자는 발생을 진행할 수 있는 영양분 등은 다 가지고 있고 유전정보만 없는 상태가 된다. 이제 개구리의 체세포를 떼어내 그 안에 있는 핵을 꺼낸다. 그리고 바로 그 핵을 앞서 핵을 제거해둔 난자 속에 넣어준다. 그러니까 난자 속에 있던 핵을 체세포 속에 있던 핵으로 치환한 것이다.

이제 핵이 치환된 난자를 가지고 실험을 진행한다. 만약 두 번째 가능성이 옳다면 체세포의 핵이 가진 유전정보가 난자의 것과 같을 것이다. 그러면 이 난자는 수정과 난할의 과정을 거쳐 올챙이가 되고 개구리로 성장할 것이다. 반대로 첫 번째 가능성이 옳다면 핵이 치환된 난자는 일부 유전정보만 가지고 있을 것이다. 따라서 어떤 경우에는 앞다리로 성장하고, 어떤 경우에는 눈으로 성장하고, 어떤 경우에는 발로 성장할 것이다.

실제 체세포 핵 치환 실험에서는 어떤 일이 일어났을까? 1960년대 영국의 존 거든John Gurdon 교수 연구팀이 핵을 제거한 난자에 체세포인 내장 표피세포의 핵을 넣어주어 새로운 올챙이 개체를 만들어냈다. 결과적으로 세포의 분화 또는 발생이 끝난 체세포가 가진 유전정보와 난자의 유전정보는 사실상 다르지 않았다. 이런 생명현상을 유전체 동등성genomic equivalence이라고 부르는데, 이는 유전정보가 동등하다는 의미다. 두 번째 가능성이 진실이라는 게 이렇게 증명되었다. 존 거든 교수는 이 공로를 인정받아 2012년에 노벨상을 수상했다.

세상에서 가장 유명한 양, 복제 양 돌리

양서류인 개구리를 대상으로 하는 체세포 핵 치환 실험은 1960년대에 이뤄진 실험이다. 그러나 포유류는 실험이 훨씬 복잡해 시간이 많이 걸렸다. 누구나 한번은 들어보았을 '복제 양 돌리' 실험이 바로 그것이다. 이로써 포유류의 체세포도 모든 유전정보를 가지고 있음이 증명되었다.

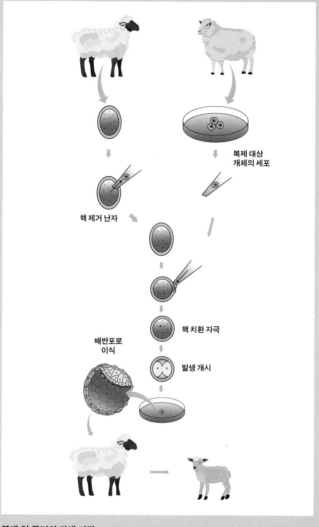

복제 대상
개체의 세포

핵 제거 난자

배반포로
이식

핵 치환 자극

발생 개시

복제 양 돌리의 탄생 과정

복제 양 돌리도 실험 과정은 개구리와 동일하다. 먼저 난자의 핵을 없애고 체세포의 핵을 그 난자 속에 넣으면 된다. 그런데 포유류의 실험이 어려웠던 이유는 무엇일까? 그 이유는 바로 다음 단계에 있다. 수정란이 체내에서 태반을 통해 발생해야 하기 때문이다. 그래서 개구리 실험에 성공하고도 30여 년이 지난 후에야 포유류의 체세포 치환 실험을 성공시킬 수 있었던 것이다. 이렇게 복제 양 돌리가 탄생한다.

양서류는 물론이고 포유류도 분화가 끝난 체세포의 핵을 꺼내, 핵을 제거한 난자에 잘 넣어주면 대리모를 통해서 온전한 개체 하나가 만들어진다. 이는 분화가 끝난 체세포들이 개체 하나를 온전하게 만들 수 있는 유전정보를 잃어버리지 않았음을 의미한다.

발생은 무엇인가? 우리는 이제 이 질문에 대한 답을 조금이나마 알게 되었다. 발생은 유전정보를 나눠주는 것이 전부가 아니라 유전정보는 고스란히 보내주되 그중 일부를 필요할 때 쓰게 하는 것까지 포함한다. 여기서 고스란히 보내준다는 것은 유전체 동등성, 유전정보 동질성을 의미한다.

발생 과정의 시계를 거꾸로 돌리다

유전정보 동질성과 관련해 한동안 떠돌던 소문이 있다. 생쥐의 피부 세포에서 핵을 꺼내 잘 키우다가 특정한 유전자를 발현시켜주면 이 세포가 줄기세포처럼 바뀐다는 것이다. 이 이야기는 분화가 끝난 세포가 역분화해 원래 상태로 되돌아간다는 의미다. 보통 발생 과정은 시간이 흐를수록 발생할 수 있는 잠재력을 점점 줄여나간다. 그런데 이 발생 과정의 시계를 거꾸로 돌리는 상황이 가능하다는 것이다.

나 역시 처음 이 소문을 들었을 때는 '아, 이건 있을 수 없는 일이야' 하고 생각했다. 하지만 놀랍게도 이 소문이

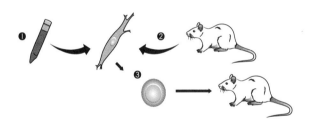

야마나카 신야의 줄기세포 유전자
야마나카 박사는 ① 4가지 유전자를 ② 피부유래세포에 도입해주었고, 이 세포들이 ③ 만능줄기세포로 재프로그램되어 생쥐 성체의 모든 세포들로 분화할 수 있게 되었다. 이렇게 만든 세포를 유도만능줄기세포라고 부른다.

사실이라는 것을 야마나카 신야Yamanaka Shinya가 증명했다. 야마나카는 이 연구로 2012년 노벨생리의학상을 받았다. 그리고 본인 이름을 붙인 야마나카 팩터, 즉 야마나카 인자라고 불리는 유전자도 생겼다.

야마나카의 실험은 어떻게 이루어졌을까? 그는 생쥐 체세포에서 핵을 꺼내 네 가지 유전자(Oct3/4, Sox2, Klf4, c-Myc)를 넣어주었다. 그랬더니 대부분의 세포가 잠재력을 회복해 줄기세포처럼 변하는 현상이 일어났다. 그렇게 변한 세포를 유도만능줄기세포induced pluripotent stem cells라 부르는데, 줄여서 iPS세포라 한다. 다시 말해 '유도된 다재다능하고 전지전능한 잠재력을 가진 줄기세포'라는 뜻이다. 현재 유도만능줄기세포는 의학적으로 인공혈액 개발, 맞춤형 장기 제작 연구 등에 상당히 활발히 응용되고 있다.

발생학자들의 입장에서는 생쥐를 대상으로 이 연구를 해냈다는 것이 대단한 일일 수밖에 없다. 체세포의 네 가지 유전인자를 바꿔서 원래 수정란에 거의 근접하는 정도로 잠재력을 회복시킨 것은, 체세포가 유전정보를 모두 가지고 있다는 사실을 다시 한번 확인시켜준 셈이기 때문이다. 그래서 야마나카의 연구는 유전정보를 잃어버리는 것이 아니라 유전정보 사용을 제한하는 쪽으로 일어나는 것이 발생임을 결정적으로 증명한 실험이 되었다.

차별적으로 발현하는 유전자

유전정보는 대부분 DNA에 담겨 있다. DNA는 말하자면 설계도다. 따라서 설계도가 세포에 어떻게 작동하는지를 아는 것이 중요하다. 설계도 작동에는 두 단계가 존재한다. 하나는 DNA와 RNA 사이에서 이루어지고, 다른 하나는 RNA와 단백질 사이에서 이루어진다.

DNA는 유전정보 그 자체다. 하지만 모든 설계의 내용을 담고 있을 뿐 스스로 작동하지는 않는다. 설계도에 따라 작동하려면 단백질이 만들어져야 하며, 단백질에 대한 정보는 DNA에 있다. 그런데 DNA를 계속 사용하면 손상될 가능성이 있기 때문에 DNA는 단백질에 대한 정보를 RNA로 전사한다. 이것이 바로 전령 RNA^{mRNA}(이하 mRNA)다.

무엇이 단백질을 만들까? mRNA가 가진 정보를 받은 '리보솜'이라는 세포 소기관이 단백질을 만들어낸다. 그러니까 DNA의 입장에서는 수정란이나 분화가 끝난 체세포 모두 같은 의미다. 하지만 단백질의 입장은 전혀 다르다.

이것을 이해하려면 설계도 작동의 중심에 있는 두 단계를 아는 것이 필요하다.

유전정보를 담은 수많은 DNA 중 어떤 DNA는 mRNA를 만들지만 어떤 DNA는 mRNA를 만들지 않는다. 따라서 세포마다 어떤 DNA가 mRNA를 만드느냐가 각기 다르고, 이에 따라 각각의 세포는 전혀 다른 세포가 된다. 마찬가지로 mRNA가 있다고 해서 모조리 다 제 기능을 하는 것은 아니다. 리보솜을 통해 단백질을 만들어야 세포 속에서 설계도에 따른 작동이 시작되는데 mRNA가 제 기능을 멈추면 사실 아무 작동도 일어나지 않은 것과 마찬가지다.

게다가 어떤 RNA가 오랫동안 수명을 유지하며 단백질을 만들 것인지, 만든다면 얼마만큼의 양을 어떤 형태로 만들 것인지도 결정할 수 있다. 이러한 과정이 세포마다 다르게 일어난다면 또는 군집의 세포들에게 다르게 일어난다면 서로 다른 조직, 서로 다른 기관이 만들어진다. 동일한 유전정보를 가지고 전혀 다른 표현 형질을 드러내는 것이다. 이를 위해서는 차별적인 유전자 발현이 이루어져야 한다. 발생학을 연구하면서 발생유전학 또는 분자생물학적 발생을 연구한다는 것은 많은 경우 차별적으로 발현하는 유전자를

찾아가는 것과 같다. 그리고 그 유전자는 특정한 발생단계
에서 중요한 역할을 하는 유전자일 가능성이 크다.

발생에 필요한
유전자를 찾아라

발생을 책임지는 유전자

지구상 모든 동물은 정자와 난자가 만난 하나의 수정란에서 시작된다. 그리고 그 수정란에서 서로 다른 세포들이 만들어져 하나의 개체가 탄생하며 이 모든 발생 과정은 유전정보에 의해 이루어진다. 그렇다면 발생을 책임지는 유전자는 무엇이고, 어떻게 찾아갈까? 다시 예쁜꼬마선충으로 돌아가 살펴보자. 나는 박사 과정 때부터 예쁜꼬마선충을 연구했다. 지금 소개할 내용 중에는 내가 발생유전학 박사 과정에서 진행했던 연구가 포함되어 있다.

예쁜꼬마선충은 암컷과 수컷으로 구별해 나눌 수가 없다. 아주 드물지만 수컷을 발견할 수는 있는데, 그 수컷 예쁜꼬마선충은 X염색체를 하나만 가지고 있다. 그리고 대부분 예쁜꼬마선충은 두 개의 X염색체를 가진 암컷이다. 해부학적으로 수컷인 예쁜꼬마선충은 정자만 생산하지만 암컷인 예쁜꼬마선충은 난자를 주로 생산하되 잠깐 동안은 정자도 만든다. 정자와 난자가 한 몸에서 만들어지는 것이다.

이런 특징 때문에 예쁜꼬마선충의 모양은 대부분 암컷이지만 실제로는 자웅동체, 암수한몸이다. 몸속에서 정자와 난자가 수정되고 그 수정란이 세포분열, 즉 발생을 진행한다. 그리고 발생이 완료되면 배아가 생식기를 통해서 태어난다. 그래서 생식기가 중요하다. 생식기가 없으면 배아가 태어나지 못하기 때문이다.

예쁜꼬마선충의 발생단계에서 흥미로운 현상 중 하나가 자웅동체의 생식기를 만드는 과정이다. 그러면 예쁜꼬마선충의 생식기는 어떻게 만들어질까? 그 과정을 잠깐 살펴보자.

예쁜꼬마선충은 다 자라서 성충이 되면 959개의 체세포를 갖게 되며 그중 생식기를 만드는 세포는 22개다. 그런데 발생 중간 단계에서 살펴보면 생식기를 만드는 세포의 숫자가 그보다 적다. 실제로는 세포 여섯 개에서 출발한다. 이 여섯 개 세포가 세 번 세포분열을 해서 22개가 된다. 이 22개 세포가 분화하면 생식기가 만들어진다.

한편 생식기가 만들어지는 데 중요한 또 다른 세포가 바로 앵커 세포anker cell다. 앵커 세포는 말 그대로 닻을 내리는 기능을 한다. 여러 연구에 의하면 앵커 세포 아래쪽 세포 여섯 개가 분열과 분화를 통해 생식기를 만들어내는 것으로 밝혀졌다.

그 과정을 조금 더 자세하게 살펴보면 이렇다. 앵커 세포 아래에는 1차 세포, 2차 세포, 3차 세포가 각각 두 개씩 짝을 이뤄 존재한다. 이 중 1차 세포와 2차 세포 네 개만 생식기를 만드는 데 쓰인다. 그리고 나머지 3차 세포는 예비군으로 존재한다.

그렇다면 3차 세포는 왜 예비군이 되어야 할까? 1차 세포와 2차 세포가 사고로 없어지는 때를 대비하기 위해서다. 1차 세포와 2차 세포가 없어지면 생식기를 만들지 못할 것 같지만, 실제로는 예비군인 3차 세포가 그 자리를 대신해 생식기를 만든다. 그래도 생식기를 만드는 것은 보통 1차 세포와 2차 세포다.

발생에 필요한 유전자를 찾는 실험은 예쁜꼬마선충이 생식기를 만드는 과정을 이용해 진행되었다. 이 실험에서 주목한 것은 앵커 세포다. 레이저로 쏘아서 없앤다면 어떤 일이 일어날까? 발생이 시작될 즈음 앵커 세포를 없애면 1차 세포와 2차 세포가 만들어지지 않는다. 그리고 모든 세포가 3차 세포가 된다. 당연히 생식기도 만들어지지 않는다. 결국 유전학적으로 앵커 세포가 없어지니 생식기 발생에 문제가 생긴 것이다. 이는 앵커 세포가 생식기를 만드는 데 필요하다는 의미가 된다.

이러한 결과를 다시 한번 증명하기 위해서는 생식기가 없는 돌연변이 예쁜꼬마선충을 찾아내 그 상태를 확인해야 한다. 먼저 생식기가 없는 예쁜꼬마선충을 찾으려면 수백만 혹은 수천만 마리를 확인해야 한다. 생식기가 없는 예쁜꼬마선충을 찾아낸 후에는 앵커 세포가 있어도 신호를 보내지 못하거나 앵커 세포는 신호를 보내지만 1차 세포와 2차 세포가 그 신호를 받지 못하는 상태를 확인해야 한다. 이로써 앵커 세포와 생식기 발생 사이의 관계가 증명된다.

이처럼 수많은 돌연변이를 찾고 그 돌연변이의 어떤 유전자에 문제가 생겼는가를 확인하는 것이 발생유전학이다.

예쁜꼬마선충의 생식기 발생이 이렇게까지 연구할 현상인
가 하는 생각이 들 수도 있다. 그러나 모델생물을 연구하는
것은 궁극적으로 인간을 이해하기 위함이다. 이 연구 역시
같은 맥락에서 보아야 한다.

EGF, 즉 상피성장인자epidermal growth factor는 피부 세포들이
성장하는 데 필요한 인자다. 고가의 화장품을 홍보할 때 종
종 등장하는 EGF가 바로 이것이다. 이것은 인간에게 있는
성장인자인데, 놀랍게도 예쁜꼬마선충의 발생에서는 생식
기를 만드는 데 쓰인다는 것이 확인되었다.

EGF 신호 전달 체계는 예쁜꼬마선충의 생식기 발생 과
정에서 어떻게 작동할까? 먼저 신호 전달 체계를 살펴보
자. LIN-3 유전자가 EGF고, LET-23 유전자가 EGF의 수
용체다. 이 수용체는 인간의 그것과 무척 비슷하다. LET-
23에서 두 개의 화살표를 건너가면 LET-60이 있다. LET-
60은 라스Ras 유전자인데 인간과 거의 90퍼센트 이상이 같
다. 라스 유전자에 문제가 생기면 다양한 종류의 암이 발생
한다. 이 신호 전달 체계는 인간을 포함해 많은 동물에게
잘 보존되어 작동하고 있다.

EGF 유전자의 신호 전달 체계

　다만 어떤 조직 혹은 기관을 만들기 위해 작동하는지는 조금씩 다르다. 예쁜꼬마선충의 경우에는 생식기 발생에 작동한다. 그리고 인간의 경우에는 피부 등 다양한 기관에서 세포분열을 조금 더 할 것인가 혹은 덜할 것인가를 결정하는 데 작동한다. 그러므로 발생과 관련한 신호 전달 체계가 잘 보존되어 있는 모델생물을 활용한 연구가 결국에는 인간에게도 적용될 수 있다는 뜻이 된다.

　발생을 책임지는 유전자 중에는 예쁜꼬마선충에서만 작동하는 유전자도 아주 드물지만 존재한다. 하지만 더 많은 경우에 진화적으로 보존되어 있다. 즉 DNA 서열이 비슷할 뿐 아니라 그 분자적 기능도 비슷하다. 그중 대표적인 것이 EGF 유전자다. EGF는 인간 몸에도 잘 보존돼 있다. 생식기 발생에 중요한 역할을 하는 EGF 신호 전달 체계의 유전자에는 암을 일으키는 유전자들이 여러 개 포진되어 있어 항암제의 가장 중요한 표적이 되기도 한다. 예쁜꼬마선충을 통해 밝혀진 경로를 인간의 몸에 응용하는 셈이다. 이처럼 예쁜꼬마선충에게 진실인 것이 인간에게도 진실일 수 있다.

한 가지 예를 더 살펴보자. unc-101 유전자에 관한 것이다. 이 유전자는 EGF 신호 전달 체계를 저해하는 돌연변이 유전자다. 내가 박사 논문 주제로 연구하여 그 분자적 정체를 밝혔다. 이 유전자는 생쥐에게도 있고, 인간에게도 있다. 예쁜꼬마선충에서 이 유전자에 돌연변이가 일어나면 생식기 관련 형질뿐 아니라 'unc'라고 하는 형질을 나타낸다. 이것은 'uncoordinated'라고 하는데, 잘 움직이지 못하는 표현 형질이다. 그런데 이 돌연변이에다 생쥐 유전자를 도입해주면 다시 잘 움직이게 된다. 즉 예쁜꼬마선충의 돌연변이 형질이 생쥐 유전자에 의해 치유된 것이다.

이 실험은 유전자 서열은 조금씩 다르지만 그 기능은 예쁜꼬마선충과 생쥐 모두에 잘 보존되어 있다는 것을 보여준 대표적 예다. 이 연구 결과는 1994년《Genes an Development(유전과 발생)》라는 학술지 표지로 채택됐다.

EGF 유전자나 unc-101 유전자는 수많은 사례 중 하나일 뿐이다. 예쁜꼬마선충에게 중요한 역할을 하는 유전자가 생쥐에게도, 인간에게도 중요한 역할을 하는 경우는 이외에도 무수히 많다.

죽음은
프로그램화되어 있다

유전자에는 발생뿐 아니라 노화와 세포사멸 등도 잘 보존되어 있다. 그중 세포사멸을 처음으로 증명한 사람은 예쁜꼬마선충으로 노벨상을 받은 존 설스턴이다. 세포가 예정된 죽음을 겪는 것을 생물학적으로 확실하게 증명한 것은 그가 처음이다.

설스턴이 한 일은 예쁜꼬마선충의 수정란이 발생 과정을 거쳐 성충이 될 때까지 모든 세포를 추적 관찰한 것이다. 즉 설스턴은 발생 과정에서 이루어지는 세포분열의 방향과 시간, 그리고 그 세포의 운명까지 관찰했다. 그리고 관찰한 모든 것을 처음부터 끝까지 다 그림으로 그렸다. 그

것이 세포 계보^{cell lineage}다.

세포 계보를 보면 예쁜꼬마선충의 성충은 1090개의 세포를 가지고 있어야 한다. 하지만 예쁜꼬마선충은 예외 없이 항상 959개의 세포를 가지고 있다. 그 이유는 설스턴이 발견한 세포사멸 때문이다. 예쁜꼬마선충 개체에 태어나서 하는 일이라곤 죽는 것밖에 없는 세포가 131개나 존재한다는 뜻이다. 그런데 그 세포는 무작위적으로 만들어지는 게 아니라 이미 정해져 있다. 모든 개체에서 같은 계보로 태어나는 세포가 죽는다는 말이다. 사실 이 세포는 죽지 않아도 되는데 항상 죽는다.

그래서 '프로그램되어 있는 세포사멸'이라는 표현이 등장한다. 그렇다면 어디에 프로그램되어 있는 것일까? 당연히 유전자에 프로그램되어 있다. 세포사멸이 유전적으로 프로그램되어 있다는 것은 돌연변이를 찾아서 연구할 수 있는 생명현상이라는 의미가 된다. 이렇게 세포가 죽어가는 과정도 발생학의 영역에 포함된다.

유전자에 각인된 죽음

세포사멸은 세포가 어떻게 죽는지를 알아야 연구가 가능

하다. 즉 세포사멸이 일어나는 과정을 정확히 알아야 한다. 자살인지 타살인지, 누가 와서 죽였는지, 죽으면 시체는 어떻게 치우는지 등을 확인하는 것이다. 그리고 세포사멸 과정이 비정상적인 돌연변이를 찾아야 한다. 비정상적인 돌연변이를 찾으면 그와 관련된 유전자와 그 유전자의 작용을 밝힐 수 있기 때문이다.

예를 하나 살펴보자. ced-1이라는 유전자가 있다. ced는 'cell death defective'의 줄임말이다. 세포사멸이 이상해진 첫 번째 돌연변이로 정의된 유전자다. ced-1 유전자에 문제가 생긴 돌연변이는 정상적인 예쁜꼬마선충과 비교하면 무엇이 다를까? 일단 전체적인 모양은 똑같다. 하지만 ced-1 돌연변이 몸 곳곳에는 볼록 튀어나온 동그란 부분이 많이 존재한다. 그것은 죽은 세포의 시체다. 하지만 특별히 설명해주지 않으면 잘 모를 수밖에 없다. 사실 정상인 예쁜꼬마선충에서도 죽은 세포가 보일 때가 있다. 하지만 보이다가도 시간이 좀 지나면 싹 없어진다. 왜냐하면 옆에 있는 세포가 죽은 세포를 잡아먹기 때문이다.

그런데 ced-1 돌연변이는 세포가 죽어도 시체가 없어지지 않기 때문에 시간이 지날수록 몸에 시체들이 쌓인다. 최대 몇 개까지 쌓일 수 있을까? 최대 131개까지 쌓일 수 있다. 그래서 ced-1 유전자는 세포를 죽게 만드는 데 필요한 유전자라기보다는 시체를 치우는 데 필요한 유전자라는 사실을 알 수 있다. 참고로 ced-1은 유전자를 부를 때 쓰는 이름이기도 하고 돌연변이를 칭할 때 쓰는 이름이기도 하다. 문맥을 보고 유전자인지 돌연변이를 뜻하는지 구별할 수 있다.

이 사실을 기반으로 ced-1 돌연변이를 활용해서 세포를 죽게 만드는 데 필요한 유전자를 찾을 수 있는 아주 멋진 아이디어가 나타난다. 그 아이디어는 이렇다. ced-1 돌연변이는 시체가 없어지지 않는다. ced-1 돌연변이 개체에 다시 돌연변이를 일으킨다. 그리고 그중에서 시체가 없어지는, 즉 시체가 하나도 없는 돌연변이를 찾는다. 현미경을 계속 들여다보면서 시체가 없는, 즉 깨끗한 예쁜꼬마선충을 찾는 것이다. 만약 찾는다면 그 예쁜꼬마선충은 다시 시체를 치울 수 있게 된 것이거나 애초에 세포가 죽지 않은 것, 둘 중 하나다. 흥미로운 것은 두 번째다. 만약 세포가 죽지 않은 것이라면 그 개체는 세포사멸에 필요한 유전자가 없거나 그 유전자에 문제가 생긴 것이기 때문이다.

이 아이디어의 실제 실험을 통해 유전자 ced-3를 찾아 냈다. ced-3 유전자는 세포사멸에 필요한 유전자다. 이제 중요한 것은 ced-3가 무슨 일을 하는 단백질의 유전자인 가 하는 것이다. 결론부터 이야기하자면 ced-3는 인간에 게도 있는, 단백질을 분해하는 효소 유전자였다.

처음 예쁜꼬마선충에서 ced-3를 발견했을 때는 무슨 일을 하는 단백질인지 몰랐다. 그런데 휴먼 게놈 프로젝 트의 성공과 예쁜꼬마선충 게놈 지도 완성으로 그 답을 찾 을 수 있었다. 그 둘을 서로 비교하다 예쁜꼬마선충의 ced-3와 비슷한 유전자를 인간에게서 발견했는데, 그것이 단백 질 분해 효소 유전자였다. 즉 세포를 죽이는 데 필요한 분 해 효소의 정보를 가진 유전자였던 것이다. 정리하자면, 프 로그램되어 있는 세포사멸에 필요한 예쁜꼬마선충의 ced-3 유전자가 인간의 몸에서도 세포사멸에 필요한 유전자로 쓰이고 있었다는 뜻이다.

알츠하이머에서부터 암까지, 세포사멸과 인간

세포사멸이 일어나도, 일어나지 않아도 예쁜꼬마선충에게 는 아무 일도 일어나지 않는다. 그러니까 세포가 왜 죽는지도, 또 왜 안 죽는지도 알 수가 없다.

하지만 인간의 경우는 전혀 다르다. 때로는 세포사멸이 일어나서, 때로는 세포사멸이 일어나지 않아서 엄청난 일이 일어난다. 세포사멸이 일어나면 안 되는 세포들에게 세포사멸이 일어나거나 세포사멸이 일어나야 하는 세포들에게 세포사멸이 일어나지 않으면 생기는 문제들이 있는 것이다.

예를 들어서 신경세포 중에 사멸이 일어나면 안 되는 세포가 죽으면 그로 인해 파킨슨병에 걸리기도 하고 알츠하이머에 걸리기도 한다. 노화에 따른 신경질환 중 많은 경우가 세포사멸과 관계가 있는 것으로 알려져 있다. 또 다른 예는 세포사멸이 일어나야 하는 세포가 죽지 않고 계속 세포분열을 하는 것이다. 그 세포는 암이 된다. 결국 세포사멸이 너무 많이 일어나면 질병이 발생하고 또 전혀 일어나지 않으면 암세포가 될 가능성이 높아진다.

그러니 세포사멸을 조절하는 방법을 잘 연구하면 세포사멸로 인해 발생하는 질병들을 치료할 가능성이 높아지지 않을까? 그렇게 찾은 치료 가능성은 의학적으로도 굉장한 파급 효과를 낼 수 있을 것이다.

인간은 노화를
극복할 수 있는가

세포사멸이 유전자에 프로그램되어 있다는 사실은 굉장한 충격을 안겨주었다. 그리고 이 사실은 노화 현상에 대해서도 중요한 질문으로 이어졌다. '노화라는 생명현상도 유전자에 프로그램되어 있는가?' 세포가 죽는 것이 프로그램되어 있다면 노화도 당연히 프로그램되어 있을 거라는 추측이 만들어낸 질문이다. 그런데 시간의 흐름에 따라 세포의 손상이 자꾸 쌓이니, 결과적으로 그것이 노화라는 주장도 가능하다. 결국 어느 쪽이든 증명이 필요했다.

그 증명도 예쁜꼬마선충을 이용한 실험으로 이루어졌다. 어떤 실험이었을까? 실험의 시작은 역시 돌연변이를 찾는 것이다. 노화가 일어나지 않으면 수명은 길어질 것이라는 가설하에 수명이 긴 돌연변이를 찾는다. 만약 노화를 일으키고 수명을 짧게 만드는 유전자가 있다면 수명이 긴 돌연변이에게는 그 유전자가 없거나 그 유전자가 있더라도 문제가 있다고 추측하는 것이다.

그런데 실제로 예쁜꼬마선충에서 그런 돌연변이가 발견된다. 평균보다 두 배, 심지어 세 배 오래 사는 돌연변이를 찾은 것이다. 예쁜꼬마선충의 평균 수명은 3주 정도다. 하지만 그 돌연변이의 경우 수명이 2배 늘면 6주, 3배 늘면 9주를 살게 된다. 이 실험은 예쁜꼬마선충의 짧은 수명 덕분에 가능했다. 만약 인간을 대상으로 같은 실험을 한다면 연구자가 실험 대상을 관찰할 수 없는 상황이 벌어질 게 뻔하다. 모델생물의 중요성이 다시 한번 확인된 실험이다.

그렇게 찾은 유전자 중 하나에서 인슐린과 관련된 신호 전달 체계가 세포 노화, 개체 수명과 연결된다는 게 밝혀졌다. 예쁜꼬마선충에게 있는 그 유전자는 인간에게도 있다. 다만 인간의 경우도 수명과 관련된 기능을 하는지는 아직 확인하지 못한 상황이다. 왜냐하면 생쥐를 대상으로 한 실험에서 결과가 일관되지 않았기 때문이다. 이를 밝혀내려면 시간이 더 필요하다.

그래도 노화와 관련된 유전자들을 발견했으니, 노화가 부분적으로는 유전자 속에 프로그램되어 있다는 것을 확인한 셈이다. 물론 노화 유전자에 관해서는 아직까지 아는 것보다 모르는 게 더 많다. 당연히 더 많은 연구가 필요하다.

노화는 워낙 복잡한 생명현상이어서 그 연구도 마찬가지로 복잡하고 어려울 수밖에 없다. 예를 들어보자. 염색체에는 제일 끝을 보호하기 위한 텔로미어라는 구조가 있다. 이 텔로미어를 조금 길게 만든 예쁜꼬마선충은 수명이 길어졌음을 실험으로 확인했다. 당연히 텔로미어의 길이 연장이 노화를 지연시키고 수명을 연장시켰다는 결론을 내릴 수 있다. 그렇다면 텔로미어의 길이만 연장하면 예쁜꼬마선충의 수명이 길어지는 것일까?

그렇지는 않다. 그렇게 주장하려면 텔로미어의 길이 외에 다른 모든 조건이 동일하다는 전제가 실험에서 확인돼야 한다. 하지만 노화는 워낙 복잡하고 오랜 시간 일어나는 생명현상이어서 다른 부분을 모두 동일하게 조절하기가 어렵다. 그래서 노화 연구는 쉽지 않고 시간도 오래 걸린다. 그래도 다양한 실험 기법들이 계속 개발되고 있으니 언제가 누군가는 해낼 것이다.

실패는 '발견'의 어머니

신약 개발은 참으로 중요한 일이지만 어렵기도 한 일이다. 그래서 한편에서는 완전히 새로운 약을 개발하기보다는 인간이 오랫동안 먹어왔고 부작용이 없다는 것이 확인된 약을 이용하려는 노력도 진행되어왔다. 이렇게 하는 이유는 앞서 말했듯 새로운 약을 개발하는 과정이 무척 힘들고 오래 걸리는 일이기 때문이다. 그뿐만이 아니다. 이미 개발되어 오랫동안 먹어왔던 기존의 약은 최소한 안전성의 문제를 어느 정도 해결했다고 볼 수 있다. 따라서 신약 개발의 가장 중요한 고비 하나를 넘긴 셈이다.

기존에 개발된 약들은 특정 증상에 대응하는 것으로 개발되었지만, 그 외 증상에 대해 어떤 효과가 있을지를 모두 조사해본 것은 아니다. 그래서 일종의 '부작용'으로 여겨지던 것이 다른 증상의 치료에 효과를 보이는 경우도 종종 있다. 이처럼 부작용에서 새로운 약 효능을 찾아내는 것이 하나의 방법으로 떠올랐다.

그 대표적인 예가 비아그라다. 비아그라는 원래 혈관 확장제로 개발되었으나 그 부작용 때문에 오히려 발기부전 치료제로 쓰이게 되었다. 또 다른 효능을 기대하며 개발된 약의 부작용이 발모 작용인 것으로 드러나면서 이것을 탈모 치료제로 용도를 변경해 대박을 터뜨린 경우도 있다.

그렇다면 인간이 오랫동안 먹은 약들 중 수명을 길게 만드는 '부작용'이 있는 약은 없을까? 만약 그런 약을 찾을 수 있다면 그 약의 용도를 변경할 수 있다. 이것은 완전히 새롭게 신약을 개발하는 것보다 비용 측면이나 시간 측면에서 모두 좋은 결과를 가져올 것이 분명하다.

그중에는 예쁜꼬마선충을 이용한 연구도 있었다. 또한 우리 유전과 발생 연구실에서도 같은 원리로 연구를 한 적이 있다. 우리의 출발점은 한센병 환자들이었다. 우리나라의 경우 한센병 환자들 모두 국가에서 치료해줄 뿐 아니라 완치된 후에도 꾸준히 관리해준다. 그래서 그들의 건강과 관련된 자료가 모두 보관되어 있다. 그 자료들을 분석해보니 한센병 환자들이 먹는 항생제가 수명과 관련이 있는 것으로 나타났다. 그 항생제를 평생 먹은 사람이 있고 그렇지 않은 사람이 있는데, 평생 먹은 사람들의 수명이 유의미하게 길었다. 이런 결과를 토대로 '어쩌면 이 항생제에 수명 연장 효과가 있는 건 아닐까?'라는 추측을 하게 되었다.

그 추측을 증명하기 위해 예쁜꼬마선충에게 그 항생제를 먹여보았더니 실제로 수명이 연장되었다. 물론 항생제이기 때문에 모든 사람에게 자유롭게 처방하고 먹게 할 수 없다는 한계가 있다. 하지만 수명을 연장해주는 약의 개발이 가능할 수도 있다는 작은 희망을 발견한 것만은 사실이다.

늙은 생쥐의 시계를 되돌린 마법

노화 극복과 수명 연장은 오랜 세월에 걸쳐 모든 인류가 꿈꿔오던 일이다. 이처럼 노화를 극복하는 일은 여전히 많은 관심을 모으고 있으며, 당연히 많은 연구가 이루어지는 중이다. 그중 2023년 1월에 발표된 노화 관련 논문 한 편은 정말 놀라운 내용을 담고 있다. 이 논문의 주요 내용은 이렇다.

발생의 과정은 많은 경우 비가역적이다. 그런데 야마나카 인자를 넣어줌으로써 분화가 끝난 세포가 원래 줄기세포처럼 바뀌는 현상을 확인했고, 이는 발생의 과정도 가역적으로 바뀔 수 있음을 보여주었다. 그런데 노화도 발생의 끝자락이므로 가역적으로 바꾸는 것이 가능할 수도 있다고 추측한 것이다. 노화라는 생명현상은 세포가 죽어가는 과정이다. 그러니 그 세포가 죽어가는 과정을 '야마나카 인자'로 되돌릴 수 있다면 노화도 극복할 수 있다는 주장이다. 즉 야마나카 인자의 양을 적당히 조절하면 세포가 일정한 수준까지 젊어질 수 있지 않을까 추측한 것이다.

그리고 이 가설을 증명하는 실험에 성공했다는 것이 이 논문의 내용이다. 논문에는 굉장히 훌륭한 결과가 많이 제시되어 있다. 그중 연구자들이 주목한 것은 야마나카 인자를 적당히 조절해서 생쥐에게 주었더니 늙은 생쥐가 젊어졌다는 실험이다.

만일 이것이 사실이라면 어떤 일이 벌어질까? 노화라는 현상은 비가역적이어서 결국 프로그램이 끝나버리는 것이 아니라 어쩌면 되돌릴 수 있는, 즉 극복될 수 있는 생명현상이 된다. 물론 야마나카 인자로 인해 세포가 너무 젊어지면 줄기세포가 암으로 진행될 가능성 또한 굉장히 높아진다. 그래서 이는 상당한 위험성을 안고 있는 실험이기도 하다.

이 논문에 의해 2023년 현재 '노화는 가역적이다'라고 해석할 수 있는 상황에까지 와 있다. 하지만 이 논문의 주장이 진실인지 아닌지는 여전히 확실치 않으므로, 확인해야 할 부분이 많다. 왜냐하면 지금까지 발표된 여러 논문 중에는 가짜 논문도 있었기 때문이다. 전 세계를 놀라게 한 우리나라의 가짜 줄기세포 연구도 있었고, 일본에서는 PH를 바꿨더니 세포가 갑자기 줄기세포가 되었다는 논문을 발표한 적이 있는데 그것도 가짜였다.

현재로선 이 논문의 진위 여부를 밝히기 어렵다. 하지만 야마나카 인자를 사용해 연구했으므로 진실일 가능성이 상당히 있어 보인다. 진실일 가능성을 열어놓되 맹신하지 않으면서 다른 연구 결과들을 더 지켜봐야 할 것이다.

노화를 극복함으로써 건강하고 영원한 삶을 꿈꾸는 인간의 욕망, 이 욕망이 존재하는 한 노화에 대한 연구는 앞으로도 계속될 전망이다.

인간의 수명을 결정하는 것은 유전일
까? 노력일까?

예쁜꼬마선충의 경우에는 유전되는 수명 현상이
있다. 그래서 수명도 프로그램되어 있다고 이야
기할 수 있다. 다만 프로그램되어 있다는 것의 의
미를 유전정보 속에 일정한 제한이 걸려 있다는
정도의 의미로 받아들이는 것이 바람직하다. 프
로그램되어 있다고 해서 그것이 모든 것을 결정
한다는 의미는 아니라는 이야기다.

수명에 대한 부분도 인간을 대상으로 하면 모

든 것이 훨씬 더 복잡해진다. 일란성 쌍생아 연구를 보아도 항상 똑같지는 않다. 유전정보는 똑같지만 실제로 발현되는 모양은 상당히 달라지는 경우가 많기 때문이다. 그러므로 어떤 부분은 당연히 노력이 들어간다고 볼 수 있다.

유전자에 의해 프로그램되는 부분은 설계도라고 이해하면 적절하다. 그 설계도를 가지고 어떻게 유전자 발현이라는 최종 결과물로 풀어내느냐에 따라 결과가 달라진다. 그러므로 실제로 최종 산물을 만드는 과정에 들어가는 다양한 요소들이 결과에 큰 영향을 미친다고 볼 수 있다.

인간은 죽음을 극복하고 불멸의 존재
가 될 수 있을까?

사람의 죽음이란 '물리적으로 한 사람의 뇌를 포함한 신체가 그 기능을 정지해 더 이상 생명현상을 지속하지 못하는 상태에 이른 것'이라고 정의할 수 있다. 지금까지 다양한 세포 노화 억제 기술이 개발되었지만, 아직 그 기술은 인간을 불멸의 존재로 만들 수 있는 수준이 되지 못한다. 그럼에도 일부 손상된 조직이나 기관 또는 세포를 대신할 수 있는 수준에까지 이른 것은 대단한 진전이다.

최근 수십 년 동안 생명공학은 우리 상상의 범위를 벗어나 놀라운 발전을 이루어왔다. 이런 점을 상기해볼 때 머지않은 미래에 우리가 상상하지 못했던 새로운 생명공학 기술이 나오지 않을 것이라 장담할 수 없다. 5년 전만 해도 나는 인간이 불멸의 존재가 되는 것은 전적으로 불가능하다고 답했을 것이다. 하지만 지금은 다르다. 미래에 어떤 일이 가능해질지 잘 모르겠다고 답하는 것이 더 안전하다고 느낀다.

아마도 마지막 관문은 인간의 복잡한 뇌를 어떻게 불멸화할 것인가가 될 것이다. 뇌의 작용은 우리가 이해하는 수준을 넘어선 '창발적 수준'이기 때문이다(창발이란 그것을 구성하는 성분 각각에는 없는 성질이 모여서 전혀 새로운 성질을 나타냄을 의미한다). 그것도 매우 극단적으로 창발적이다. 따라서 인간이 죽음을 극복하고 불멸하려면 먼저 뇌를 불멸화하는 방법을 밝혀내야 한다.

4부＿＿＿＿＿＿

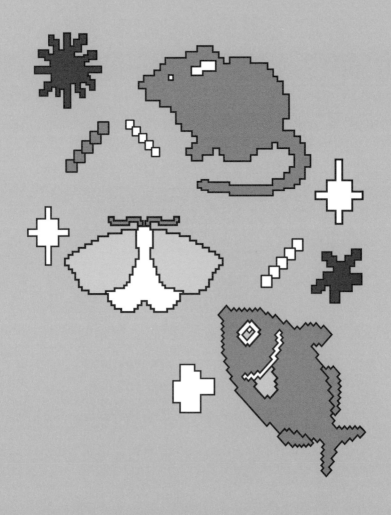

다시

진화로

수렴
하는

생명의
신비

새로운 종으로 진화가 이루어지려면 개체의 다양성이 기반이 되어야 하며, 이는 유전과 변이에 의해 새로운 형질을 확보함으로써 가능하다. 결국 유전과 변이가 진화를 만들어내는 동력이다. 새로운 형질은 어떻게 만들어지는지, 유전과 변이의 기전은 무엇인지, 새로운 종은 어떻게 탄생하는지를 아는 것은 진화의 비밀을 밝히는 길이다. 우리는 지금 그 길 위에 서 있다.

종 다양성은
어떻게 만들어지는가

우리는 언제나 지구가 아름답다고 이야기한다. 그때 아름답다고 말하는 대상은 지구의 기후가 아니라 그 안에서 살아가는 다양한 생명들이다. 한두 가지 생명이 아름다운 것이 아니라 무수히 많은 다양한 생명이 서로 조화를 이루고 있기에 아름답다. 어쩌면 진화의 과정 속에서 다양성이 확보되었기에 지구가 아름다운 것인지도 모른다.

그렇다면 그 생명들은 모두 어디에서 왔을까? 지구상에 존재하는 생명의 시초는 무엇일까? 이것은 아직도 풀지 못한 궁극의 질문 중 하나다. 이 질문의 답을 찾으려 애쓴 사람 중 가장 유명한 이는 찰스 다윈이다. 다윈이 그린 '생명

찰스 다윈이 그린 '생명의 나무'

의 나무'는 생명의 다양성을 상징하는 아주 중요한 그림이다. 사실 다윈은 메모를 무척 좋아했던 사람이다. 그는 책이나 논문을 읽다가 생각이 떠오르면 그것을 적어두었는데, 그 메모들이 꽤 많이 남아 있다. '생명의 나무' 그림도 그중 하나다.

앞서 말했듯 생명이 지닌 아름다움의 원천은 종의 다양성에 기인한다. 따라서 생명의 아름다움을 이야기하기 전에 먼저 종의 다양성을 논리적으로 생각해볼 필요가 있다. 종의 다양성은 새로운 종들이 자꾸 만들어진 결과다. 그러므로 '새로운 종은 어떻게 만들어지는가?'라는 질문이 자연스럽게 이어진다.

새로운 종이 생기려면 굉장히 많은 개체 중 새로운 개체가 등장해야 한다. 결국 새로운 종으로의 진화가 이루어지려면 먼저 개체의 다양성, 다양한 개체라는 기반이 있어야 한다. 따라서 궁극의 질문은 '개체의 다양성, 그 기반은 도대체 무엇인가?'가 된다.

찰스 다윈은 모르고 현대 생물학은 아는 것

찰스 다윈을 은둔자의 모습으로 생각하는 사람도 더러 있지만 실상은 전혀 달랐다. 찰스 다윈은 지금으로 따지면 SNS 인플루언서에 버금가는 존재였다. 그는 많은 사람과 서신을 주고받으며 수만 통의 편지를 남겼고, 1859년 『종의 기원』을 출판한 후에는 북콘서트를 통해 수많은 사람을 만났다.

『종의 기원』은 사실 끝까지 읽기가 굉장히 힘든 책이다. 초반에는 비둘기 이야기가 꽤 많이 나와 몰입하기 어려운 데다 상당히 지루한 편이다. 그러나 책을 다 읽고 나서 생각해보면 결론은 그다지 복잡하지 않다. 단순하게 말하자면 이 책에서는 '장엄하다'라고 표현되는, 굉장히 아름다운 진화의 기전을 보여준다. 그것이 핵심이다.

이제 진화론의 주요 내용을 정리해보자. 종의 다양성의 기반에는 매우 많은 수의 개체, 그리고 정말 다양한 개체가 있어야 한다. 그리고 마지막에는 자연이 그 다양한 것들 중에서 필요한 것을 선택한다. 결국 환경에 조금 더 적절하게 적응한 자손들이 살아남는 것인데, 이것을 '자연선택'이라고 한다. 이것이 다윈이 주장한 진화론의 핵심 내용이다. 그리고 그 중심에는 변이가 있다. 변이야말로 종의 다양성을 가능하게 만든 기본이다.

실제로 당시 많은 독자가 북콘서트에서 다윈에게 변이에 대한 질문을 던지곤 했다. "진화의 과정은 충분히 이해하겠는데, 그렇게 달라진 다양한 개체들의 근본적 차이는 도대체 뭡니까?" "변이의 기본은 무엇입니까?"

이 질문에 다윈은 다음과 같이 대답한다. "내가 이 책에 모두 쓰려고 했더니 그 내용이 너무 복잡하더군요. 그래서 책을 따로 한 권 더 쓸 계획입니다. 그 책이 여러분에게 답을 드릴 수 있을 겁니다." 그러고는 이상한 책을 한 권 출판한다. 그 책은 굉장히 잘못된 유전학 정보를 담고 있어서 오늘날에는 언급조차 되지 않는다. 결국 다윈은 진화의 과정에서 가장 중요한 다양성의 기본인 변이를 제대로 알지 못한 채 죽는다.

다윈의 책꽂이에는 동시대를 살았던 멘델의 논문이 꽂혀 있었다. 하지만 그 논문을 읽지는 않았던 것으로 보인다. 다윈이 그 논문을 읽었다면 한 줄의 메모도 없이 깨끗할 수가 없었을 것이기 때문이다. 만약 다윈이 그 논문을 읽었더라면, 그래서 멘델의 연구를 알았더라면 변이가 어떻게 생겨났는지를 추측하고 그것을 완성할 수도 있지 않았을까? 생각할수록 안타까운 대목이다.

변이의 근원은 유성생식과 돌연변이다. 유성생식에 따른 변이는 다양한 염색체 또는 유전자의 조합이라고 생각하면 된다. 정자와 난자가 만들어질 때 염색체 수는 절반으로 줄어든다. 그리고 둘이 합쳐져 수정란이 되면 염색체의 수도 원상태로 복구된다. 그런데 염색체가 합쳐질 때 그 조합의 개수는 엄청나게 많다.

이뿐만이 아니다. 염색체는 쌍으로 이루어져 있어서 그 수가 절반으로 줄어드는 감수 분열이 일어날 때도 엄청나게 다양한 조합의 염색체가 만들어진다. 즉 감수 분열을 할 때 염색체 간에 서로 교차해서 정보를 주고받는다는 말이다. 그렇게 새로운 조합이 만들어진다. 아이가 엄마 아빠와 다른 유전자 조합을 가지게 되는 이유는 이것 때문이다.

변이는 같은 엄마와 아빠에게서 어떻게 다른 유전자 조합을 가진 아이들이 태어나는지를 설명하는 중요한 기전이다. 그러한 변이에 대해 훨씬 더 근원적인 질문을 떠올린다면 바로 이것이다. '그렇다면 엄마 아빠는 왜 다른가? 같은 종이면 다 똑같아야 할 텐데 다른 이유는 무엇인가?'

사람이 모두 다른 이유는 염색체가 만나고 헤어지는 변

이 때문만은 아니다. 원래 달라지도록 되어 있는 어떤 힘이 존재한다. 그것이 더 중요한 변이의 근원인데, 우리는 그것을 돌연변이라고 부른다. 돌연변이가 자꾸 쌓여서 새로운 유전자가 만들어지거나 또는 새로운 유전자의 발현이 만들어지는 과정들이 다양성의 근본이 되는 변이의 출발점이 된다.

진화, 유전과 변이라는
엔진을 달다

DNA가 유전정보다

돌연변이를 이해하는 데 있어 가장 중요한 것은 무엇일까? 그것은 유전자가 무엇으로, 어떻게 구성되어 있는지를 아는 것이다. 왓슨과 크릭의 DNA 이중나선이 바로 그 답이다. 찰스 다윈은 다양성에 기반한 자연선택으로 새로운 종이 만들어질 수 있다는 걸 다양한 사례를 들어 증명했다. 또, 멘델은 감수 분열이나 수정으로 인해 발생하는 유전자 조합에 의해서 새로운 형질이 유전된다는 것을 알아냈다. 그런데 정작 그 유전자가 무엇인지는 잘 몰랐다.

이런 맥락으로 보면 유전자가 염색체 안에 있다는 것을 증명한 모건의 초파리 연구는 유전학에서 굉장히 중요한 진전이었다. 그리고 그다음 단계의 연구는 유전정보가 DNA에 있음을 알게 된 것이다. 염색체를 생화학적으로 들여다보면 DNA 분자구조는 사슬 두 가닥을 새끼줄처럼 꼬아놓은 모양이다. 그리고 DNA 손상을 막기 위해 단백질이 이를 감싸고 있다. 바로 이 단백질과 DNA라고 불리는 핵산의 조합이 염색체다.

사실 1940년대 이전에는 유전정보가 단백질과 DNA 중 어느 쪽에 있는지를 두고 많은 논란이 있었다. 그리고 대개는 단백질이 더 복잡하고 다양하기 때문에 복잡한 유전정보는 단백질에 담겨 있을 거라고 생각했다. 그렇게 생각한 이유는 다음과 같다. 염색체를 구성하는 성분을 살펴보면 단백질은 아미노산 20개가 모여서 서로 다른 순열로 연결되는 매우 복잡한 구조였다. 반면 DNA는 아데닌(A), 구아닌(G), 사이토신(C), 타이민(T)이라는 단 네 가지의 염기가 서열을 이루는 구조였다. 당연히 네 가지 염기로 얼마나 많은 유전정보를 만들 수 있겠느냐는 의문이 고개를 들 수밖에 없다.

그런데 뚜껑을 열어보니 예상과 완전히 달랐다. 단백질이 아니라 DNA에 유전정보가 있다는 사실이 왓슨과 크릭의 논문이 발표되기 10년 전쯤 이미 발견된 것이다. 그리고 실험적으로도 확인되었다. 허쉬와 체이스의 연구에 의하면 세균을 감염시키는 박테리오파아지는 단백질과 DNA로 구성되어 있다. 그런데 방사선동위원소로 단백질과 DNA를 각각 표지하는 실험을 통해, 실제 세균 속으로 들어가 증폭되는 물질은 단백질이 아닌 DNA라는 사실을 증명해낸다.

너무도 단순한 물질로 구성된 DNA가 어떻게 무한한 정보를 담을 수 있는 걸까? 이 딜레마 상황은 곧 극복된다. DNA 염기는 네 가지밖에 없지만, 그 순열의 순서에 무제한적인 가능성이 있다는 가설이 나중에 사실로 밝혀진 것이다.

DNA 이중나선, 분자생물학의 시대를 열다

이제 다음 단계는 유전정보가 어떻게 그다음 세대에게 손상 없이 넘어가는지를 밝히는 것이다. 여기에는 왓슨과 크릭의 DNA 이중나선이 엄청난 역할을 하게 된다. 왓슨과 크릭이 1953년 《네이처》에 발표한 논문은 현대 생물학의 새로운 역사를 연 논문으로 평가받는다. 사실 이 논문은 분량이 상당히 적은데, 단 한 페이지에 불과하다.

논문에 그림은 딱 하나 실려 있고 이마저도 손으로 그린 것처럼 보인다. 사실 이 그림은 실험 결과가 아니라 두 사람이 상상한 결과다. DNA 이중나선은 이런 모양으로 구성되어 있어야 한다는 뜻으로 그린 상상도인 것이다.

현대 생물학은 왓슨과 크릭이 작성한 이 논문을 기점으로 그 이전과 이후로 나뉜다. 논문에서 가장 주목해서 봐야 할 것은 '우리가 가정한'이라는 표현이다. 그들은 직접 실험을 통해 확인하고 본 것이 아니라, 이렇게 가정해야 설명이 가능하다며 자신들이 세운 가설을 제시했다. 즉 DNA가 특이한 모양으로 짝을 이룬다고 추측한 것이다.

DNA의 G, A, T, C 네 가지 염기는 이중나선상에 서로 마주 보고 있다. 그런데 한쪽에 G가 있으면 반대편에는 반드시 A가 있고, 한쪽에 C가 있으면 반대편에 반드시 T가 있다. 이런 규칙대로 짝을 이루어야 울룩불룩하지 않고 예쁜 모양의 이중나선이 된다. 이때 둘의 결합은 수소결합으로 이루어진다. 나아가 이들은 논문에서 "가정한 염기 결합의 양상을 봤을 때 유전물질이 어떻게 복제될 것인가를 간과하지 않을 수가 없었다."라고 표현하고 있다. 그러고

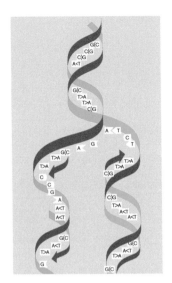

DNA 이중나선 구조

는 아무 설명도 하지 않은 채 논문을 끝냈다.

그런데 바로 이 문장이 분자생물학에 매우 중요한 시사점을 던진다. 이 문장이 왜 중요한 것일까?

그 이유를 알기 위해서는 조금 더 설명이 필요하다. DNA의 이중나선은 두 가닥이 새끼줄처럼 꼬여 있는 모양이다. 그 안을 들여다보면 G와 C, T와 A가 짝을 이루고 있음을 확인할 수 있다. 이제 그 두 가닥을 풀어 한 가닥에 있는 염기를 보면 A, G, A, G, T, T, C와 같이 불규칙적으로 쭉 나열되어 있다. 그리고 이렇게 풀린 가닥에 적절한 효소를 넣어주면 새로운 짝을 만들어낸다. 그런데 여기엔 규칙이 있다. G가 있으면 C를 만들고 A가 있으면 T를 만든다. 이것은 정해져 있는 규칙이다. 바로 이 특성 때문에 복제의 기전을 추측할 수 있다고 이야기하는 것이다.

왓슨과 크릭은 DNA 이중나선을 풀어내고 비어 있는 자리에 적절한 효소를 넣어주면 어느 자리에 누가 들어갈지는 이미 정해져 있다고 본 것이다. 즉 이중나선을 풀어놓고 적절한 효소를 넣은 후 기다리면 한 가닥이 두 가닥이 된다. 다시 말해 이전과 똑같은 정보가 만들어진다는 뜻이다. 이것을 유전자 복제라고 한다. 만약 유전자 복제가 100퍼센트 그대로 적용된다면 하나의 염색체가 두 개로 만들어졌을 때 완전히 똑같은 정보를 갖게 된다. 이것이 바로 유전이다. 이로써 유전 현상을 분자 수준에서 이해하고자 하는 분자생물학의 시대가 열린다.

이쯤에서 변이와 유전정보의 정확도는 어떤 관계를 갖고 있는지 궁금해진다. 화학적으로 DNA 염기의 수소결합은 완벽하지 않다. 분자의 움직임 때문에 모양이 조금씩 바낄 수 있고, 적절한 효소가 작용해 정해져 있는 염기가 붙어야 하는데 그때 실수가 일어날 수 있다. 물론 이런 일은 지극히 낮은 확률로 일어난다. 지극히 낮은 확률이지만 실수가 일어나는 것이 자연적이라는 말이다. 그 실수가 남아 있게 되면 그게 바로 돌연변이다.

정리하자면 유전물질이 가진 본연의 특성 때문에 대부분의 경우 복제가 잘 되는데, 아주 드물게 그 특성에 실수가 발생하면 염기서열이 바뀌어 돌연변이가 나타난다. 그런데 그 유전물질이 가진 엄청나게 낮은 확률의 실수 가능성이 바로 진화의 동력이 된다.

새로운 형질은
어떻게 탄생하는가

왜 IL2 신경세포만 닉테이션을 하게 하는 걸까?

진화는 종의 다양성이 생성되는 과정이다. 그렇다면 다양성을 생성하기 위해서 실제로는 어떤 생명현상이 일어날까? 바로 새로운 형질의 탄생이다.

새로운 형질이 탄생한다는 현상은 진화상 새로운 종이 만들어지는 과정에서 매우 중요한 부분이다. 그래서 새로운 형질의 탄생이 어떻게 이루어지는지를 아는 것이 중요하다. 이를 통해 나중에 새로운 종이 만들어지는 과정도 짐작할 수 있기 때문이다. 새로운 형질이 어떻게 탄생하는지 역시 모델생물을 이용해 알아낼 수 있었다. 이번에도 예쁜 꼬마선충이 도움을 주었다.

예쁜꼬마선충의 히치하이킹 행동에 대해서는 앞서 자세히 다루었다. 그중 새로운 형질의 탄생을 확인하기 위해 주목한 것은 프로그램되어 있는 닉테이션이다. 닉테이션은 모든 예쁜꼬마선충 혹은 모든 세포가 하는 게 아니다. 특정한 발생단계에 있는 다우어라는 예쁜꼬마선충만 하는 행동이고, 이 행동을 일으키는 신경세포는 바로 IL2 뉴런이다.

생존이 어려운 환경에 놓이면 예쁜꼬마선충 중 닉테이션을 할 수 있는 선충이 살아남을 가능성이 더 크다는 사실을 이미 확인한 바 있다. 결국 닉테이션은 생존을 위해 필요한 생명현상인 것이다. 그렇다면 예쁜꼬마선충은 어떻게 닉테이션이라는 새로운 형질을 처음으로 만들어냈을까?

새로운 형질의 탄생을 확인하기 위해서는 먼저 어떤 질문을 할 것인지를 생각해야 한다. 예쁜꼬마선충에게는 302개의 신경세포가 있다. 그중 닉테이션을 일으키는 신경세포는 IL2다. 즉 IL2는 다우어가 기어가다가 무엇인가에 부딪히면 3차원 물체가 있다는 걸 인식하고 신호를 보낸다. 그래서 근육을 움직여 몸을 들게 만드는 행동을 하게 된다. 그런데 302개나 되는 다른 신경세포들이 있는데 왜

IL2 신경세포만 이런 중요한 일을 할 수 있게 되었을까? 이것이 우리가 던진 질문이다.

유전자 등위체가 생겨나는 순간 IL2가 특별해진다

실험은 돌연변이를 찾는 데서 시작된다. 사실 돌연변이 찾기는 확률 게임이다. 100만 마리, 때로는 1000만 마리를 확인해야 한두 마리를 찾을 수 있다. 이렇게 많은 수의 예쁜꼬마선충을 확인하기 위해서는 형광현미경 같은 특수한 장비가 필요하다. 형광현미경은 예쁜꼬마선충의 투명한 몸 속 형광 표지를 확인함으로써 돌연변이를 찾을 수 있게 해준다. 이 실험에서도 형광현미경을 사용했다.

IL2 신경세포가 있고 그 엄마 세포가 있다. 엄마 세포에서 만들어진 자매 세포가 IL1 신경세포다. 그런데 IL1은 닉테이션을 일으키지 않는다. 오직 IL2만 닉테이션을 일으킨다. 엄마가 같은데 다른 형질을 지닌 신경세포가 만들어진 것이다.

그래서 수많은 예쁜꼬마선충에 IL1은 빨간색으로, IL2는 초록색으로 표시한 후 돌연변이를 일으키는 과정을 거쳤다. 그리고 형광현미경으로 그 예쁜꼬마선충을 일

일이 확인해 돌연변이 몇 마리를 찾아냈다. 내 기억으로는 1억 마리쯤 본 것 같다. 돌연변이는 형광현미경으로 보았을 때 초록색은 보이지 않고 빨간색만 보였다. 이런 결과가 나타나는 이유는 무엇일까? 그 돌연변이가 IL1은 문제가 없는데 IL2에만 문제가 생겼다는 의미다. IL2에 있는 무엇인가가 없어졌기 때문에 몸을 세워 흔드는 닉테이션을 하지 못하는 것은 당연한 일이다. 그렇다면 IL2에 있는 무엇이 사라져서 이런 결과가 나온 것일까?

돌연변이를 조사해본 결과 DAF-19 유전자 때문임을 알아냈다. 흥미로운 것은 이 유전자가 이미 잘 알려진 유전자라는 사실이다. DAF-19 유전자는 IL1와 IL2 신경세포 맨 앞에 섬모를 만드는 역할을 한다. 예쁜꼬마선충이 무언가에 부딪혔을 때 이를 인지할 수 있는 것은 바로 이 섬모 덕분이다. 섬모를 만드는 가장 핵심적인 유전자인 DAF-19에 문제가 생긴 것이다.

그런데 DAF-19 유전자가 통째로 문제가 생긴 것이라면 예쁜꼬마선충의 섬모에도 문제가 생겨야 한다. 하지만 이 돌연변이의 섬모는 정상이었다. 그래서 또 질문이 이어진다. DAF-19는 섬모를 가지는 세포에서는 보편적으로 쓰이는 유전자인데 어떻게 IL2 신경세포에만 문제를 일으켰을까?

DAF-19 유전자는 매우 복잡한 구조를 가지고 있는데, 이 유전자에 보통은 잘 쓰이지 않는 부위가 있다는 것이 확인되었다. 다시 말해 유전자 전체는 거의 똑같은데 다른 신경세포에는 쓰이지 않는 유전자 부위에 문제가 생기면 IL2 신경세포에 문제를 일으켰던 것이다.

한 유전자가 전사되어 mRNA를 만들게 되는데, 이때 유전자 부위 중 전사되는 부위(이를 '엑손exon'이라고 한다)가 있고 전사되지 않는 부위(이를 '인트론intron'이라고 한다)가 있다. 이처럼 엑손과 인트론의 서로 다른 조합으로 mRNA가 전사되어 나올 수 있으며, 이를 '등위체isoform'라 한다. 즉 한 유전자는 하나의 mRNA로 전사되는 것이 아니라 다양한 모양의 mRNA 등위체로 전사될 수 있다는 뜻이다.

DAF-19 유전자에서도 다른 세포에서는 전사되지 않고 IL2에서만 전사되는 아주 특이한 형태의 부위를 가진 전사체를 발견했다. 전체적으로는 섬모를 만드는 데 가장 중요한 핵심 유전자인 DAF-19의 새로운 등위체가 IL2를 조절한다는 것이다. 결국 이 등위체가 생겨나는 순간이 IL2가 특별해지는 순간이고, 몸을 세워 흔들게 하는 행동이 만들어지는 순간인 셈이다. 기존에 보편적으로 쓰이던 유전자의 전자 조절인자를 살짝만 변형시켜서 완전히 새로운 행동을 할 수 있게 만들어준 것이다.

이 연구를 통해 진화상에 새로운 형질이 탄생하려면 새로운 유전자를 만들어내거나 기존에 있던 유전자를 살짝 바꾼다는 사실이 명확하게 드러났다.

새로운 형질이 새로운 종의 분화로

새로운 형질의 탄생을 이해할 수 있는 또 하나의 사례가 있다. 이것도 예쁜꼬마선충과 관련된 연구다.

전 세계에는 300가지 이상 예쁜꼬마선충 품종이 존재한다. 그렇다면 우리나라에도 예쁜꼬마선충 품종이 있을까? 아쉽게도 아직 우리나라에서는 예쁜꼬마선충을 찾지 못했다. 하지만 전 세계에 흩어져 있는 300여 품종의 예쁜꼬마선충은 모두 같은 종이다. 즉 교배시키면 자손을 만들 수 있다는 뜻이다. 그중 모델생물로 가장 많이 쓰이는 예쁜꼬마선충 품종은 하와이와 영국의 선충들이다. 이 둘을 교배시키면 당연히 자손이 태어난다.

그런데 흥미로운 점은 하와이 선충은 몸을 세워 흔드는 닉테이션을 거의 하지 않는다는 사실이다. 반면에 영국 선충은 닉테이션을 아주 열심히 한다. 두 예쁜꼬마선충이 닉테이션에 있어서 전혀 다른 빈도를 보이는 것이다. 몸을 세워 흔드는 닉테이션이라는 새로운 형질이 양적으로 달라진 것인데, 이런 차이가 생기는 근원은 무엇일까? 이 현상에 관심을 가진 이유는 이것이 심화되면 새로운 종으로의 분화로 이어질 수도 있기 때문이다.

실험은 이렇게 이루어졌다. 열심히 몸을 세워 흔드는 영국 선충과 그렇지 않은 하와이 선충을 교배해 많은 자손을 만들었다. 그리고 그 자손을 몸을 세워 흔드는 종류와 그렇지 않은 종류로 나누고 그들 모두의 유전자를 분석했다. 그런 후 몸을 세워 흔드는 종류에 항상 따라다니는 유전자가 무엇인지를 찾아보았다. 이것이 요즘에 많이 사용하는 게놈 수준에서의 유전학 기법이다.

유전자 분석 결과, 영국 선충과 하와이 선충이 조금씩 다르게 가질 수 있는 유전자 부위를 찾았다. 알고 보니 그 유전자 부위가 특정한 RNA를 만들었다. 이 부위 자체가 단백질로 만들어지는 건 아니고, 다른 단백질의 발현을 바꾸는 RNA까지만 만들어지는 유전자다. 이 연구로 진화상 새로운 형질이 만들어지는 데 새로운 유전자를 만드는 것뿐 아니라 유전자의 발현을 바꾸는 것도 중요하다는 사실이 확인되었다.

그런데 영국 선충과 하와이 선충의 유전체를 통째로 다 분석해보니 더 놀라운 것이 발견되었다. 영국 선충과 하와이 선충은 종이 같다. 그런데 이 둘을 교배시키면 자손들 중 10퍼센트 정도는 살아남지 못한다. 이 결과를 통해 이들 두 품종이 90퍼센트 정도는 같은 종이고 약 10퍼센트는 아닐 수 있다는 것으로 이해할 수 있다. 실제로 우리의 분석 결과에 의하면 2만 개쯤 되는 유전자 중에서 15퍼센트에 해당하는 약 2700개 정도에서 유전자가 구조적으로 달라져 있음을 확인했다. 우리는 이런 결과를 토대로, 이것이 새로운 종 분화의 중간 단계쯤에 해당한다는 주장이 담긴 논문을 발표할 수 있었다. 이 논문의 내용은 학술지《게놈연구Genome Research》의 표지로 채택되기도 했다.

이처럼 모델생물을 이용한 새로운 형질의 탄생에 대한 연구와 그 결과들은 향후 새로운 종의 탄생 과정을 알아내는 시작점이 될 수 있다.

가시고기는
진화의 비밀을 알고 있다

가시고기의 돌연변이와 생존법

바다에 사는 가시고기는 큰 가시가 있지만 민물에 사는 가시고기는 가시가 없다. 그 원인은 ptx-1 유전자의 변화에 있다. 이 유전자의 변화에 의해 가시고기의 가시가 생길 것인지 말 것인지가 결정된 것이다.

그런데 이 유전자의 염기서열을 분석했더니 당황스러운 결과가 나왔다. 가시가 있든 없든 ptx-1이라는 유전자 자체는 다르지 않았던 것이다. 유전자는 다르지 않은데 왜 어떤 가시고기는 가시가 있고 어떤 가시고기는 가시가 없을까? 그 이유를 알기 위해 분석의 범위를 확대했다. 그 결과 단백질의 정보가 아니라 그 앞쪽에서 이 단백질 정보의 발현 여부를 결정하는 DNA 염기서열이 다르다는 것을 확인할 수 있었다. 다시 정리하자면 스위치를 켜느냐 끄느냐의 문제였을 뿐 단백질의 아미노산 차이는 아니었다는 것이다. 이 결론은 예쁜꼬마선충 연구에서도 확인되었다.

또 다른 가시고기 연구는 서로 다른 곳에 서식하는 가시고기들을 잡아서 유전자의 염기서열을 분석한 것이다. 가시고기는 바다와 민물을 막론하고 같은 종이 전 세계에 분포한다. 연구 대상이 된 가시고기 중 가시가 없어진 종류는 아홉 가지였다. 지역적으로 멀리 떨어진 아홉 종류의 가시고기에 모두 가시가 없다는 것은 각각 독립적으로 가시가 없어졌다는 뜻이다.

유전자 분석 결과는 어땠을까? 가시의 발생과 관련한 유전자 부위에 조금씩 다른 모양의 돌연변이가 아홉 종 모두에서 관찰되었다. 가시의 발현을 결정하는 스위치 부분이 조금씩 고장 나 있었다는 말이다. 돌연변이가 독립적으로 일어났지만 사실 목표는 하나였다. 바로 가시를 없애는 것이다. 그렇게 가시고기는 자신의 생존 가능성을 높였다. 이 연구처럼 모든 개체에서 예외 없이 변이가 일어나는 경우는 정말 드물다.

정리하자면, 가시의 발현을 결정하는 스위치가 정상이냐 고장이 나 있느냐에 따라서 이 유전자의 발현이 정해진다. 그리고 그 결과에 따라 가시고기가 처한 환경에서 천적으로부터 생존할 수 있는지 여부가 결정된다. 결국 이것이 이 종이 유지될 것이냐 혹은 멸종될 것이냐를 정할 수도 있다.

새로운 형질의 탄생은 유전자가 완전히 새롭게 만들어짐으로써 이루어질 수도 있다. 하지만 실제로는 기존에 있던 유전자를 조금씩 바꿔 사용함으로써 새로운 형질을 만들어내는 경우가 훨씬 더 많았다. 이는 여기서 언급한 사례를 비롯한 수많은 연구의 결과다.

유전자 가위가 오려 붙인 나비의 날개

최근《사이언스》에 한 논문이 게재되었다. 이와 관련해 해당 호의 표지에는 검은색과 노란색, 주황색 조각들이 불규칙적으로 배열된 이미지가 실렸다. 그것은 나비의 날개 문양을 고배율로 확대한 것이다.

유전학 또는 발생학에서는 모델생물의 돌연변이를 연구해 유전자가 무슨 일을 하는지를 알아낸다. 따라서 모델생물은 돌연변이를 쉽게 만들 수 있어야 한다. 그런데 유전자 가위의 등장으로 모델생물이 아니더라도 돌연변이를 쉽게 만들 수 있게 되었다. 비모델생물도 유전학, 발생학 연구에 활용할 수 있게 된 것이다.

만약 유전자 가위가 나비를 만나면 무슨 일이 일어날까? 실제로 한 실험실에서 유전자 가위와 나비가 만났다. 이 실험에서는 9000만 년 전에 나누어진 다섯 종류의 나비를 선택했다. 이 나비들은 모두 날개 문양이 다르다. 나비의 날개 문양은 같은 종이나 같은 속 내에서 아마 조금씩 변화했을 것으로 보인다. 그러므로 전혀 다른 형태의 날개 문양을 가진 다섯 종류의 나비는 추정컨대 굉장히 큰 변화를 겪은 것이 분명하다. 그 변화는 오랜 시간 계속되고 있는 진화의 과정인데, 여기에 어떤 유전자들이 관여돼 있는지를 연구한 것이다.

연구는 다섯 종류의 나비가 지닌 유전자를 분석하는 것으로 시작됐다. 먼저 날개 문양을 만드는 가장 기본적이고 중요한 유전자인 WntA 유전자를 확인했다. 그리고 WntA 유전자의 단백질 부분이 아니라 단백질의 앞쪽 부분을 유전자 가위를 이용해 조금씩 잘라 없앴다. 이로써 날개 문양이 다른 나비 150마리를 만들어냈다.

불과 10년 전만 해도 다섯 종류의 나비에서 다른 날개 문양을 가진 150마리의 나비를 만든다는 것은 상상하기 어려운 일이었다. 즉 돌연변이를 만드는 기존의 기법으로는 불가능한 일이라는 말이다. 그런데 유전자 가위 덕분에 지금은 가능한 일이 되었다. 이런 이유 때문에 유전자 가위는 현대 생물학 기술의 집약체로 여겨진다. 아마 앞으로는 유전자 가위를 활용한 더 다양한 연구가 활발하게 이뤄지지 않을까 싶다.

나비를 통해 밝혀진 새로운 진화의 비밀

유전자 가위를 이용해서 WntA 유전자 앞쪽 부분을 조금씩 잘라낸 나비들은 어떤 날개 문양을 갖게 되었을까? 나비들을 하나씩 하나씩 다 살펴보았다. 이 연구의 결과는 다음과 같다.

그 유전자의 단백질 부분은 손을 대지 않고 발현을 조절하는 염기서열 부분만을 조작해보았다. 그 대상 중에는 진화적으로 아주 잘 보존되어 있는(즉 모든 종에서 보이는) 염기서열 부분도 있고, 각 종에서 새롭게 나타난 염기서열도 있었다. 이를 통해 새로운 날개 패턴을 만들기 위해서는 진화적으로 잘 보존되어 있는 조절 부위도 중요한 역할을 하고, 9000만 년이라는 시간을 거치며 새롭게 등장한 조절 염기서열도 중요한 역할을 한다는 걸 알 수 있었다. 이처럼 오랫동안 잘 보존되어 있는 염기서열과 새롭게 등장한 염기서열, 이 둘을 협력하게 만드는 방식으로 진화가 이루어진다는 사실을 이 연구를 통해서 알게 되었다.

진화에서 신규성은 완전히 새로운 유전자의 출현에 의한 것보다는 약간의 유전자 변형 그리고 발현의 변화에 의한 것인 경우가 많다. 후자의 변화로도 완전히 새로운 개체를 만들 수 있다는 것이 현대 생물학의 중요한 흐름이다.

종 다양성,
그 기원을 찾아서

현재 유전과 발생 연구실에서는 '한국 선충 프로젝트Korean Nematode Project'를 진행 중이다. 이 프로젝트의 목적은 유전체 수준에서 종의 다양성의 기원을 찾는 데 있다.

휴먼 게놈 프로젝트가 성공한 무렵만 해도 한 사람의 유전정보를 밝히려면 1억 원 이상 비용이 소요되었으며 길게는 수개월 이상 걸렸다. 하지만 지금은 100만 원 정도면 누구나 유전체를 분석할 수 있으며 수일 이내 가능하다. 예쁜 꼬마선충은 50만 원이면 유전체를 분석할 수 있다. 비용과 시간이 엄청나게 줄어든 것이다. '한국 선충 프로젝트'는 이런 분석 기법의 발전 덕분에 가능해진 것으로, 10년 전에는 꿈도 꾸지 못했던 일이다.

지구상에 존재하는 꼬마선충의 종은 얼마나 될까? 100만 종은 될 거라는 주장도 있고 10만 종이라는 주장도 있다. 어떤 주장이 옳은지는 검정해봐야 하지만 엄청나게 다양한 종이 있다는 것만은 사실이다.

이처럼 다양한 종의 선충은 얼핏 보면 모두 비슷해 보인다. 하지만 현미경을 대고 자세히 들여다보면 제각각 전부 다르다는 것을 확인할 수 있다. 예를 들어 입만 봐도 그렇다. 어떤 예쁜꼬마선충은 치아 같은 것들이 있는데, 이 예쁜꼬마선충은 치아를 이용해 다른 선충을 잡아먹는다. 또 어떤 예쁜꼬마선충은 입이 굉장히 커서 아주 큰 효모도 잡아먹을 수 있다. 아주 가느다란 바늘 같은 것이 있는 예쁜꼬마선충은 나무에서 수액을 빨아먹고 산다. 다 같은 예쁜꼬마선충이지만 환경에 적응한 결과 입의 모양이 조금씩 달라진 것이다.

비슷하게 생긴 선충의 입 모양이 달라지게 된 것은 당연히 유전자의 변화 때문이다. 그렇다면 그 유전자의 변화는 어디에서 언제 일어났을까? 바로 이것이 내가 궁금한 부분이다. 이 질문의 답을 찾기 위해 내가 선택한 방법은 예쁜꼬마선충을 유전체 수준에서 분석하는 일이다. 이 분석을 통해 궁극적으로 진화를 깔끔하게 풀어낼 수 있지 않을까 기대하고 있다. 나아가 그 과정에 인공지능을 도입하면 어떨까 하는 것도 생각하는 중이다.

선충으로 파고드는 종 다양성의 실체

한국 선충 프로젝트는 2010년경 시작해서 지금도 진행 중이다. 처음 출발은 충주에 있는 사과밭이었고, 이후 전국적으로 범위를 넓혀가고 있다. 제주도에는 연구원이 한 달에 한 번씩 가서 1년 내내 채집하기도 했다. 이렇게 한 이유는 계절의 변화까지 고려하고 있기 때문이다.

또 전국 어디든 강연을 하러 가면 "여러분, 주변에 있는 썩은 과일을 저희 연구실로 보내주세요. 거기서 새로운 종의 선충을 발견할 수도 있습니다."라고 이야기한다. 이 요청은 지금도 유효하다. 현재까지 500여 신품종, 15개의 신종을 분석했다. 한국 선충 프로젝트에서 얻은 유의미한 결과 중 한 가지만 이야기해보자.

염색체 제일 끝을 보호하기 위한 텔로미어와 관련된 것이다. 인간의 텔로미어에는 TTAGGG라는 염기서열이, 선충에는 TTAGGC라는 염기서열이 반복되어 붙어 있다. 사실 인간과 선충은 굉장히 비슷하다. 그런데 우리나라 선충의 유전체를 분석하다 텔로미어 염기서열이 약간 다른 선충을 발견했다. 선충의 텔로미어 염기서열은 TTAGGC라는 사실이 수십 년 동안 인정받아왔는데, 여기에 예외가 생긴 것이다. 그동안 한 번도 본 적 없었던 염기서열인데, 다른 나라에 있는 선충을 가져와서 분석해본 결과 같은 염기서열을 찾아낼 수 있었다. 그래서 분석을 바탕으로 텔로미어 염기서열 계보를 그려보았다.

계보를 그린 결과 기존의 TTAGGC와는 다른 TTAGGG, TTAGAC와 같은 염기서열을 가진 종이 드물지 않다는 사실이 확인되었다. 이러한 확인을 통해 문득 이런 생각이 들었

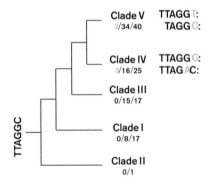

다. '서로 다른 염기서열을 갖는 게 예외적인 현상이 아니라 일반적인 현상인 건 아닐까?' 사실 곰팡이나 식물류에서는 훨씬 더 다양한 텔로미어 염기서열이 확인되기 때문에 이런 생각을 하게 된 것이다.

사실 진화적으로 보면 염색체 끝의 염기서열을 바꾼다는 것이 결코 쉬운 일이 아니다. 단백질도 바꿔야 하고 서열을 바꾸는 효소도 바꿔야 하기 때문이다. 그런데 그 어려운 변화가 선충에서는 자연스럽게 일어난 것이다. 심지어 초파리는 완전히 다른 염기서열을 쓰고 있어서 텔로미어라고 불릴 만한 것이 없는데도 자연 상태에서 전혀 문제가 없다.

사람의 경우도 크게 다르지 않다. 하지만 아직 밝혀진 것이 많지는 않아 초파리 등에 비해서는 상황이 좀 더 복잡하다. 사람의 경우 텔로미어는 TTAGGG 염기서열의 반복으로 되어 있는데, 이 서열을 복제하는 기전으로는 텔로머레이즈라는 역전사효소가 쓰인다. 예쁜꼬마선충도 대부분의 경우에는 텔로머레이즈로 텔로미어를 복제한다.

그런데 사람의 경우 일부 암세포에서 텔로머레이즈 없이 텔로미어가 짧아지지 않는 현상이 나타나는 것을 발견했다. 이로써 사람의 경우는 텔로머레이즈를 사용할 수도 있고 텔로머레이즈와 무관하게 텔로미어를 유지할 수도 있다는 결론을 도출할 수 있었다. 텔로머레이즈 관련해서는 연구가 상당히 잘 진행되어 이미 노벨상을 받았다. 그런데 텔로머레이즈와는 독립적으로 텔로미어를 유지하는 기전은 아직도 연구 대상이다.

염색체 말단에 대한 연구는 진화의 관점에서도 중요하다. 왜냐하면 염색체 끝부분이 서로 붙어서 새로운 염색체가 만들어지기 때문이다. 그렇게 새로운 종이 생기는 것이다. 그래서 염색체의 다양성이 종의 다양성으로 이어진다는 것을 일반화할 수 있다. 이 부분은 앞으로 진화상에서 다양성을 연구할 때 굉장히 흥미로운 연구 분야가 될 것이다.

Q 묻고

답하기 **A**

고사리나 투구게 같은 동식물은 어떻
게 오랜 시간 똑같은 모습을 유지할까?

아주 멋진 질문이다. 고사리나 투구게는 수억, 수
천만 년 동안 훨씬 더 많은 변화의 기회가 있었을
것이고 훨씬 더 많은 돌연변이를 가졌을 것이다.
그런데도 옛날이나 지금이나 같은 모습을 유지하
고 있다. 진화라는 현상을 동전의 양면이라는 관
점으로 생각해보자. 진화는 변화를 보이는 것이
고 그 변화의 반대편에는 유지가 있다. 위의 질문
은 결국 진화의 과정에서 변화를 견디고 유지하는

기전이 도대체 무엇인가를 묻는 것이다.

그 기전은 매우 다양할 수 있다. 돌연변이가 조금만 생기면 더 이상 생존할 수 없는, 거의 극한의 진화가 이루어졌거나 혹은 돌연변이를 고쳐나가는 능력이 탁월하거나 하는 등 여러 가지 가능성을 생각해볼 수 있다. 실험적으로 하나씩 검증해보면 답을 찾을 수 있을 텐데, 독자에게 그 숙제를 남겨두어도 좋을 듯하다.

유전자 조작으로 종의 다양성을 만들어낼 수 있을까?

'유전자를 조작해서 새로운 종을 만들 수 있는가'라는 질문이라면, 먼저 종이 무엇인지 그 정의를 정확히 하는 것이 고려되어야 한다. 교배를 통해 자손이 태어나고 그 자손이 다시 자손을 생산할 수 있는 상태가 되면 애초의 두 개체는 생물학적으로 같은 종이라고 정의한다. 이 정의를 기반으로 한다면, 교배했을 때 태어나는 자손들이 살아남지 못하게 되는 특정 유전자를 도입해 새로운 종을 만들 수 있다. 실제로 자연상에서는 독소에 해당하는 유전자와 해독제에 해당하는 유전자가 다 존재하면 문제가 없다. 그런데 독소만 가진 상태가 되면 그때는 치사에 이르는 현상이 생기도록 하는 유전자 세트가 있으며, 이런 유전자 세트를 활용해 새로운 종을 만들 수도 있다.

새로운 종의 출현이 아니라 하더라도, 종의 다양성의 기본이 되는 변이를 쌓는다는 면에서 본다면 유전자 조작은 종의 다양성에 기여한다고 볼 수 있다.

우리 안에는 과학자의 유전자가 있다

많은 이가 생명과학을 어려운 학문, 단순히 외우는 학문으로 인식하지만 실상은 그렇지 않다. 이 점은 앞서도 언급했는데 생명과학이야말로 호기심을 갖고 들여다보면 재미와 흥미로움이 넘치는 분야임을 말하고 싶다.

다만 어느 학문이나 그렇듯 내용을 제대로 이해하기 위해 기본적인 지식을 쌓는 것은 필요하다. 그 기초 위에 논리라는 딱풀로 지식을 하나씩 하나씩 덧붙이며 쌓아가다 보면 몰랐던 것을 알게 되고 무엇을 모르는지도 알게 된다. 그런 탐구의 여정 속에서 끊임없이 호기심과 질문이 파생되는 것이 바로 생명과학의 매력이기도 하다.

나는 대학 입학 후 2학년이 되면서 미생물학과에 진학

했다. 사실 1학년 동안 기초과목으로 물리와 화학만 수강하였기에 생물학의 기초가 많이 부족한 상태에서 내린 결정이었다. 물리와 화학을 공부해보니 어쩐지 체질에 잘 맞지 않는 것 같다는 생각을 했고, 가보지 않은 길인 생물학에 도전해보고 싶었다. 그렇게 생물학에 대한 애정이나 자부심이 전혀 없는 상태에서 생물학 공부를 시작했다.

고등학교에서 강연을 할 때면 '어떤 이유로 생물학자가 되기로 결심했느냐'는 질문을 많이 받는다. 솔직히 그런 특별한 이유가 있지 않았기에 질문을 받을 때면 궁색한 답변을 할 수밖에 없었다. 그런데 지금은 조금 다르다. 시간이 지나면서 이전보다는 훨씬 당당하게 답할 수 있게 되었다. 생물학을 전공하기로 결심하고 40년이 지난 지금, 돌이켜 보니 나는 생물학을 공부하면서 조금씩 조금씩 생물학을 더 좋아하게 된 시간을 살아왔다. 특별한 이유가 있어서 생물학을 선택한 것은 아니지만 생물학의 매력에 빠져 지내온 지난 시간이 켜켜이 쌓여 생물학의 매력이라는 나이테를 만들어낸 셈이다.

생물학을 전공하기 위해서는 '어떤 소양을 갖추어야 하는가'라는 질문도 많이 받는다. 감히 답하건대, 생물학은 호기심에서 출발하고 끈기로 완성하는 학문이다. 호기심을 갖지 않으면 어려운 실험을 반복하고 실패를 거듭 겪으면서 끈기를 발휘할 동인을 찾기 힘들다. 호기심이 있어야 새로운 궁금증이 과학적 질문으로 발전할 수 있다.

그런데 호기심만으로는 부족하다. 그것만으로 과학이 완성될 수는 없다. 아무도 가보지 않은 길을 개척하는 일이 쉽기만 하겠는가. 흥미롭기만 하겠는가. 수많은 장애물을 넘고 실패를 견디면서 조금씩 전진하다 보면 전혀 새로운 경지를 만나게 되는데, 그 동력은 바로 지치지 않는 끈기다. 호기심과 끈기, 이 두 가지만 갖추면 누구라도 멋진 생명과학자의 자질을 타고난 것이라고 감히 말씀드린다.

이 책을 마무리하면서 끝부분까지 읽어주신 독자들께 감사의 인사를 전하고 싶다. 쉽고 재미있으면서도 깊이 있게 생물학의 현주소를 전하고자 최선을 다해 노력했다. 하지만 내 능력의 한계로 어쩔 수 없이 어려운 용어와 내용이 포함될 수밖에 없었던 점도 너그러이 양해해주기를 부탁드린다.

이 책에 등장하는 많은 연구 결과는 나의 '유전과 발생 연구실'에서 호기심과 끈기를 무기로 장착하고 밤낮없이 연구에 매진해 온 대학원생과 박사후연구원 들이 발견해 낸 것들이다. 끝이 없을 것만 같은 생명과학 연구 여정을 나와 함께해온 유전과 발생 연구실 식구들에게 진심으로 고맙다는 인사를 전한다. 독자가 호기심을 잃지 않고 읽을 수 있도록 마지막 순간까지 이 책을 다듬고 또 다듬어준 21세기북스 서가명강팀에게도 진심으로 감사하다는 인사를 전한다.

작은 질문으로 시작해서 점점 커지는 질문을 마주하고, 그 과정에서 느끼는 지적 만족감과 짜릿함은 모든 노동과 실패를 보상해주기에 충분하다. 앞으로 인류는 수많은 변화와 발전을 거듭하면서 새로운 인류 시대를 살게 될 것이다. 앞으로 닥칠 수많은 역경을 헤쳐나가는 중심에 생명과학이 있을 것임은 너무도 자명한 사실이다. 그렇기에 생명과학은 단순한 흥미나 관심사를 넘어 매우 중요한 학문이 될 것이다. 그 여정에 많은 이들이 동참하기를 권하며 책을 덮고자 한다.

1부 생물학 세계로의 초대

1. **후추나방의 검은색 변종 유전자**
    Hof, A., Campagne, P., Rigden, D.et al.The industrial melanism
    mutation in British peppered moths is a transposable element.
    Nature534, 102 – 105 (2016). https://doi.org/10.1038/nature17951

2. **예쁜꼬마선충의 주당 유전자**
    Hong M, Choi MK, Lee J. The anesthetic action of ethanol analyzed by
    genetics in Caenorhabditis elegans. Biochem Biophys Res Commun. 2008
    Feb 29;367(1):219-25. doi: 10.1016/j.bbrc.2007.12.133. Epub 2007
    Dec 31. PMID: 18167306.

3. **애기장대의 오래살아 유전자**
    Park DH, Somers DE, Kim YS, Choy YH, Lim HK, Soh MS, Kim HJ,
    Kay SA, Nam HG. Control of circadian rhythms and photoperiodic
    flowering by the Arabidopsis GIGANTEA gene. Science. 1999 Sep
    3;285(5433):1579-82. doi: 10.1126/science.285.5433.1579. PMID:
    10477524.

4. **DNA 이중 나선**
    WATSON, J., CRICK, F. Molecular Structure of Nucleic Acids: A
    Structure for Deoxyribose Nucleic Acid. Nature 171, 737 – 738 (1953).
    https://doi.org/10.1038/171737a0

5. **예쁜꼬마선충의 히치하이킹**
    Lee, H., Choi, Mk., Lee, D.et al.Nictation, a dispersal behavior of the

nematodeCaenorhabditis elegans, is regulated by IL2 neurons. Nat
Neurosci 15, 107 – 112 (2012). https://doi.org/10.1038/nn.2975

6. **가시고기의 가시**

    Chan Y et al. Adaptive Evolution of Pelvic Reduction in Sticklebacks by
    Recurrent Deletion of a Pitx1 Enhancer. Science 327, 302-305 (2010).
    DOI:10.1126/science.1182213

7. **예쁜꼬마선충의 닉테이션**

    www.wormatlas.org

2부 세상에서 가장 작지만 위대한 발견

1. **예쁜꼬마선충의 다우어를 죽이는 변이**

    Lim DS, Kim J, Kim W, Kim N, Lee SH, Lee D, Lee J. daf-42 is
    an evolutionarily young gene essential for dauer development in
    Caenorhabditis elegans. Genetics. 2023 Aug 9;224(4):iyad097. doi:
    10.1093/genetics/iyad097. PMID: 37216205.

2. **예쁜꼬마선충의 백만 돌연변이 프로젝트**

    Thompson O, Edgley M, Strasbourger P, Flibotte S, Ewing B, Adair R,
    Au V, Chaudhry I, Fernando L, Hutter H, Kieffer A, Lau J, Lee N, Miller
    A, Raymant G, Shen B, Shendure J, Taylor J, Turner EH, Hillier LW,
    Moerman DG, Waterston RH. The million mutation project: a new
    approach to genetics in Caenorhabditis elegans. Genome Res. 2013
    Oct;23(10):1749-62. doi: 10.1101/gr.157651.113. Epub 2013 Jun 25.
    PMID: 23800452; PMCID: PMC3787271.

3. **예쁜꼬마선충 전반적 소개**

    www.wormbook.org

4. **선충 유전학 관련 첫 논문**

    DOUGHERTY, E., CALHOUN, H. Possible Significance of Free-living
    Nematodes in Genetic Research.Nature161, 29 (1948). https://doi.

org/10.1038/161029a0

5. 예쁜꼬마선충 2002년 노벨상
    https://www.nobelprize.org/prizes/medicine/2002/summary/
    Brenner S. The genetics of Caenorhabditis elegans. Genetics. 1974
    May;77(1):71-94. doi: 10.1093/genetics/77.1.71. PMID: 4366476;
    PMCID: PMC1213120.

6. 예쁜꼬마선충 2006년 노벨상
    https://www.nobelprize.org/prizes/medicine/2006/summary/
    Fire, A., Xu, S., Montgomery, M.et al.Potent and specific genetic
    interference by double-stranded RNA inCaenorhabditis elegans. Nature
    391, 806 - 811 (1998). https://doi.org/10.1038/35888

7. 예쁜꼬마선충 2008년 노벨상
    https://www.nobelprize.org/prizes/chemistry/2008/summary/
    Chalfie M, Tu Y, Euskirchen G, Ward WW, Prasher DC. Green
    fluorescent protein as a marker for gene expression. Science. 1994 Feb
    11;263(5148):802-5. doi: 10.1126/science.8303295. PMID: 8303295.

8. 모건의 초파리
    Morgan, Thomas H. "Sex Limited Inheritance in Drosophila." Science(1910):
    120 - 2.

3부 이토록 경이로운 생명현상의 법칙

1. 양서류의 유전체 동등성
    Gurdon, John B. "The Developmental Capacity of Nuclei Taken from
    Intestinal Epithelium Cells of Feeding Tadpoles."Development10
    (1962):622 - 40.http://dev.biologists.org/content/develop/10/4/622.
    full.pd

2. 복제 양 돌리
    wilrnut et al. 2000. the Second Creation. Dolly and the Age of Biological

Control. Harvard University Press : Cambridge , MA

3. 야마나카 인자

Takahashi K , Yamanaka S . Induction of pluripotent stem cells from mouse embryonic and adult fibroblast cultures by defined factors . Cell . 2006 Aug 25 ; 126(4):663-76. doi : 10.1016/j.cell.2006.07.024. Epub 2006 Aug 10. PMID : 16904174.

4. 예쁜꼬마선충의 unc-101 유전자

Lee J , Jongeward GD , Sternberg PW . unc-101 , a gene required for many aspects of Caenorhabditis elegans development and behavior , encodes a clathrin-associated protein . Genes Dev . 1994 Jan ; 8(1):60-73 . doi : 10.1101/gad.8.1.60. PMID : 8288128.

5. 예쁜꼬마선충의 세포 계보

Sulston JE , Schierenberg E , White JG , Thomson JN . The embryonic cell lineage of the nematode Caenorhabditis elegans . Dev Biol . 1983 Nov ; 100(1):64-119 . doi : 10.1016/0012-1606(83)90201-4. PMID : 6684600.

J.E. Sulston , H.R. Horvitz , Post-embryonic cell lineages of the nematode , Caenorhabditis elegans , Developmental Biology , Volume 56 , Issue 1 , 1977 , Pages 110-156 , https://doi.org/10.1016/0012-1606(77)90158-0.

6. 예쁜꼬마선충의 세포사멸

E.M.Hedgecock , J.E.Sulston , J.N.Thomson Mutations affecting programmed cell deaths in the nematodeCaenorhabditis elegans Science , 220(1983) , pp.1277-1279

7. 예쁜꼬마선충의 수명 연장 연구

Cho SC , Park MC , Keam B , Choi JM , Cho Y , Hyun S , Park SC , Lee J . DDS , 4,4'-diaminodiphenylsulfone , extends organismic lifespan . Proc Natl Acad Sci U S A . 2010 Nov 9 ; 107(45):19326-31 . doi : 10.1073/pnas.1005078107. Epub 2010 Oct 25 . PMID : 20974969 ; PMCID :

PMC2984166.

8. **야마나카 인자와 수명 연장**

Yang JH, Hayano M, Griffin PT, Amorim JA, Bonkowski MS, Apostolides JK, Salfati EL, Blanchette M, Munding EM, et. al. Loss of epigenetic information as a cause of mammalian aging. Cell. 2023 Jan 19;186(2):305-326.e27. doi: 10.1016/j.cell.2022.12.027. Epub 2023 Jan 12. PMID: 36638792; PMCID: PMC10166133.

Yang J,Petty CA,Dixon-McDougall T,Lopez MV,Tyshkovskiy A,Maybury-Lewis S,Tian X,Ibrahim N,Chen Z,Griffin PT,Arnold M,Li J,Martinez OA,et al. Chemically induced reprogramming to reverse cellular aging. Aging (Albany NY). 2023 Jul 12; 15:5966-5989 . https://doi.org/10.18632/aging.204896

9. **유전자 적중 생쥐를 만드는 과정**
www.nobelprize.org

10. **야마나카 신야의 줄기세포 유전자**
www.nobelprize.org

4부 다시 진화로 수렴하는 생명의 신비

1. **예쁜꼬마선충의 히치하이킹 진화**
Ahn S, Yang H, Son S, Lee HS, Park D, Yim H, Choi HJ, Swoboda P, Lee J. The C. elegans regulatory factor X (RFX) DAF-19M module: A shift from general ciliogenesis to cell-specific ciliary and behavioral specialization. Cell Rep. 2022 Apr 12;39(2):110661. doi: 10.1016/j.celrep.2022.110661. PMID: 35417689.

Lee, D., Yang, H., Kim, J.et al.The genetic basis of natural variation in a phoretic behavior.Nat Commun8, 273 (2017). https://doi.org/10.1038/s41467-017-00386-x

Kim C, Kim J, Kim S, Cook DE, Evans KS, Andersen EC, Lee J. Long-read sequencing reveals intra-species tolerance of substantial structural variations and new subtelomere formation inC. elegans. Genome Res. 2019

Jun;29(6):1023-1035. doi: 10.1101/gr.246082.118. Epub 2019 May 23. PMID: 31123081; PMCID: PMC6581047.

2. **나비의 패턴**

Mazo-Vargas A, Langmüller AM, Wilder A, van der Burg KRL, Lewis JJ, Messer PW, Zhang L, Martin A, Reed RD. Deep cis-regulatory homology of the butterfly wing pattern ground plan. Science. 2022 Oct 21;378(6617):304-308. doi: 10.1126/science.abi9407. Epub 2022 Oct 20. PMID: 36264807.

3. **예쁜꼬마선충의 다양한 텔로미어**

Lim J, Kim W, Kim J, Lee J. Telomeric repeat evolution in the phylum Nematoda revealed by high-quality genome assemblies and subtelomere structures. Genome Res. 2023 Nov 2:gr.278124.123. doi: 10.1101/gr.278124.123. Epub ahead of print. PMID: 37918961.

KI신서 11630

매우 작은 세계에서 발견한 뜻밖의 생물학

1판 1쇄 발행 2023년 12월 18일
1판 2쇄 발행 2024년 5월 14일

지은이 이준호
펴낸이 김영곤
펴낸곳 ㈜북이십일 21세기북스

서가명강팀장 강지은 **서가명강팀** 박강민 서윤아
디자인 THIS-COVER
출판마케팅영업본부장 한충희
마케팅2팀 나은경 정유진 백다희 이민재
출판영업팀 최명열 김다운 김도연 권채영
제작팀 이영민 권경민

출판등록 2000년 5월 6일 제406-2003-061호
주소 (10881) 경기도 파주시 회동길 201(문발동)
대표전화 031-955-2100 **팩스** 031-955-2151 **이메일** book21@book21.co.kr

㈜북이십일 경계를 허무는 콘텐츠 리더

21세기북스 채널에서 도서 정보와 다양한 영상자료, 이벤트를 만나세요!
페이스북 facebook.com/jiinpill21   포스트 post.naver.com/21c_editors
인스타그램 instagram.com/jiinpill21   홈페이지 www.book21.com
유튜브 youtube.com/book21pub

서울대 가지 않아도 들을 수 있는 명강의! 〈서가명강〉
유튜브, 네이버, 팟캐스트에서 '서가명강'을 검색해보세요!

ⓒ 이준호, 2023

ISBN 979-11-7117-316-7 04300
     978-89-509-7942-3 (세트)